超级用户思维

企业高效提升用户留存的策略与案例

汤历漫◎著

Superuser Thinking

中国经济出版社
CHINA ECONOMIC PUBLISHING HOUSE

图书在版编目（CIP）数据

超级用户思维：企业高效提升用户留存的策略与案例／汤历漫著．--北京：中国经济出版社，2021.12

ISBN 978-7-5136-6754-8

Ⅰ．①超… Ⅱ．①汤… Ⅲ．①企业管理-营销管理 Ⅳ．①F274

中国版本图书馆 CIP 数据核字（2021）第 243340 号

责任编辑　贾轶杰
责任印制　马小宾
封面设计　久品轩

出版发行　中国经济出版社
印 刷 者　北京柏力行彩印有限公司
经 销 者　各地新华书店
开　　本　710mm×1000mm　1/16
印　　张　13.5
字　　数　180 千字
版　　次　2021 年 12 月第 1 版
印　　次　2021 年 12 月第 1 次
定　　价　58.00 元
广告经营许可证　京西工商广字第 8179 号

中国经济出版社 **网址** www.economyph.com **社址** 北京市东城区安定门外大街 58 号 **邮编** 100011
本版图书如存在印装质量问题，请与本社销售中心联系调换（联系电话：010-57512564）

企业赠言

企业 1

阳光 100 喜马拉雅项目的用户留存策略是：

1. 用运营赋能用户服务；
2. 让产品延展成为生活方式；
3. 将未来理念赋予当代生活。

——阳光 100 喜马拉雅项目　销售总监　任烨

企业 2

我认为，数字商业智能服务企业的用户留存策略是：

1. 场景精准设计与定制化投放；
2. 全周期用户服务，陪伴用户成长；
3. 帮助用户降本增效，沉淀数据资产。

——爱笔（北京）智能科技有限公司　市场总监　金如

企业 3

睿博数据的用户留存策略是：

1. 深耕小店大连锁行业，开发更有价值的产品；
2. 精益门店运营，成就连锁品牌；
3. 降低经营风险，提高运营效率，帮助用户成功。

——江苏睿博数据技术有限公司　创始人　陶承睿

企业 4

上品设计的用户留存策略是：

1. 比起让用户满意，我们更愿意帮助用户成功；

2. 从产品创意到爆品设计，从初创企业到独角兽公司，陪伴用户一步步成长；

3. 让设计更加便捷，让产品更有价值，让企业更有品牌。

——上品设计　创始人　周林

企业 5

广西华环的用户留存策略是：

1. 充分研究项目，预判风险；

2. 严格过程管控，达成阶段目标；

3. 把用户的事当成自己的事，实现合作共赢。

——广西华环项目管理集团　创始人/董事长　范彩虹

企业 6

北京国泰帕克科技服务公司的用户留存策略是：

1. 深入企业洞察需求，精准提供服务；

2. 科技赋能，打造互动服务平台；

3. 倾听用户意见，及时满足用户所需。

——北京国泰帕克科技服务公司　总经理　张国良

企业 7

骏一孵化器的用户留存策略是：

1. 紧跟政策趋势，积极申报有利于用户的项目，对用户形成利好；

2. 准确的产品定位，了解用户真正需求，并按需求去打磨产品；

3. 通过完善的数据系统，建立清晰的用户画像，使用户运营和维护工作更精准。

——骏一孵化器　合伙人/CMO　康娟

企业8

柳宗元螺蛳粉的用户留存策略是：

1. 螺蛳粉汤头配料取胜，真材实料惠客；
2. 市场定位准确，打造精准产品矩阵；
3. 设计不同产品的差异化营销，留住用户。

——广西柳州柳宗元螺蛳粉　联合创始人　利洁

企业9

龙本鲁班的用户留存策略是：

1. 时刻与用户保持零距离沟通；
2. 用心感知用户的痛点，提升用户满意度；
3. 比用户更懂如何消除用户“痛点”。

——北京龙本教育集团　董事长　李转良

企业10

熊煮咖啡的用户留存策略是：

1. 以顾客感官体验为核心冲煮咖啡；
2. 持续提升咖啡烘焙及冲煮技能；
3. 提供精细化用户服务，使产品创新能力更敏捷。

——熊煮咖啡连锁　创始人　魏然

企业11

睿智锦博的用户留存策略是：

1. 智能化定制用户专属内容；
2. 助力用户挖掘企业品牌温度与价值；
3. 持续积累自身口碑，睿智之远，锦博科技。

——北京睿智锦博数字科技有限公司　CEO　李霞

企业 12

一把盐日料连锁的用户留存策略是：

1. 营造高端舒适就餐环境；

2. 精选食材，优化料理口味；

3. 推出特色创新菜式，满足顾客多元化需求。

——一把盐高端日料连锁　联合创始人　唐晓婧

前言

2021年后，企业与用户之间的关系正在发生改变。

企业获取新用户的成本增加，互联网流量见顶，传统的获取流量的方式，因企业运营成本的提高，对企业生存与盈利的助推力量大不如前。2019年后，私域流量火起来又逐渐冷下去，正是企业对用户管理与用户价值挖掘的焦虑表达。

企业借助线上线下手段获取新用户的成本增加，使企业趋向重视存量用户。存量用户与企业已建立了合作关系，对企业品牌与产品有一定的了解。在用户全周期中，存量用户跨越了从陌生到认知的第一阶段，也更容易产生重复合作行为。

此外，企业产品同质化竞争日益严重，市场渠道准入门槛也在降低。用户在这个信息丰富的时代，更容易找到替代性产品，从而转向竞争对手。用户对企业与产品的忠诚度在发生变化，从重视产品技术功能到重视产品体验，用户对企业品牌的认同感评价标准也变得多元化。如果企业忽略这些用户新需求，存量用户就会毫不犹豫地离开企业。

正如Eddie Yoon的《超级用户》中所提到的，超级用户是那些对企业产品与服务关注度很高的个人或企业客户，不需要对其投放广告营销，他们也会“不请自来”；他们对企业品牌与产品产生了高认同感，会持续购买产品。对于企业来说，超级用户是绝对不容忽视的，虽然他们的数量占比较小，但是对企业贡献的利润非常可观。“得到”创始人罗振宇也在2017年跨年演讲中提到，“商业的打法出现了一种从流量思维到超级用户思维的转变”。从企业经营模式核心来看，用户的真实付费是企业持续发展的关键路径。在市场变化加速、竞争者层出不穷与用户需求多元化的环境下，企业要持续发展，就要尽可能地让用户从新客转为熟客、从偶尔付费转化为持续付费。留存优质用户，持续激活存量用户的价值转化，是企业开源节流的一个新途径。在商业模式不断经受市场变化考验的今天，越来越多的企业家开始关注用户留存及超级用户持续购买的价值转化问题。

本书聚焦企业用户留存这个主题，为企业提供用户留存策略创新思路与可供借鉴的案例。在内容具体编排上，本书按照先“知其然”，再“知其所以然”的总分提纲展开编写。全书分为 9 章，内容叙述逻辑如下：

第 1 章为企业生存市场环境分析，主要为读者调研总结当前企业所面临的市场新环境，揭示企业重视用户留存的重要性。

第 2 章到第 7 章是企业用户留存方法论，根据我的企业调研与思考，总结了 6 个可执行的企业用户留存策略，并结合实际，在每章最后提供企业常见的误区规避建议。

第 8 章、第 9 章是企业用户留存与价值转化的案例分析。用户留存和激发超级用户复购，是各类企业都要重视的问题。在案例的选择上，从成熟的领军企业和创新中小微企业两个方向筛选了 25 个案例，并通过实际访谈调研、资料收集及数据分析，将每个案例做了用户留存策略的总结与分析。同时，本书还围绕企业用户留存策略的主题加入了漫画插图，丰富阅读体验。

本书从创意策划到全书图文编写完成，历时 18 个月。在创作期间，为了追求实用性和内容深度，我在策略方法及案例选择方面反复修改，精心打磨，希望读者通过阅读本书能真正有所收获。

《超级用户思维》是我的第五本著作，在探讨了创立企业、产品创新升级、商业模式创新升级、获取用户升级主题之后，我又聚焦了用户留存升级这个企业生命周期中非常重要的话题。如果各位读者对其他主题感兴趣，可以通过京东、当当等线上书店购买阅读我的其他著作。

本书在创作过程中难免会有一些文字疏漏，如果大家在阅读过程中有任何疑问，欢迎与我探讨和交流，我的电子邮箱：liman_tang@126.com。

最后，祝各位读者事业蒸蒸日上，都能将用户资产转化为企业利润！

汤历漫

2021 年 7 月

学会用户运营策略
高效提升用户留存

本书专属二维码：为每一本正版图书保驾护航

扫码获得正版专属资源

微信扫描下方二维码，即可获得本书正版专属资源
盗版图书存在的诸多错误可能造成您的损失。
请通过正规书店及网上开设的官方旗舰店购买正版图书。

智能阅读向导为您严选以下专属服务

- **配套音频** 满足你随时随地的阅读需求
- **视频课程** 教你如何玩转超级用户思维
- **作者答疑** 解答你在用户运营过程中遇到的难题

- **行业报告** 让你及时掌握行业的发展动态
- **读书笔记** 记录知识要点，提高阅读效率
- **读者社群** 交流企业经验，共促行业发展
- **推荐书单** 优秀企业经理人都在看的好书

扫码添加 智能阅读向导

操作步骤指南

①微信扫描本书二维码。
②选取您需要的资源，点击获取。
③如需重复使用，可再次扫码，
或添加到微信“收藏”功能。

目录

上篇　超级用户思维的核心是用户留存

上篇

超级用户思维的核心是用户留存

第 1 章　市场真相企业知多少

1.1　“买方市场”已到来

想象一下，某天你订的外卖很晚才送到，此时你已经饥肠辘辘了，却发现外卖汤洒了，菜凉了，饭还是不新鲜的，你会怎么做？你可能会毫不犹豫地在外卖平台上给这家店和外卖员一个“差评”，然后还不忘写上一句留言：“下次再也不来了。”因为你知道，对于这次不好的消费体验，你的解决方法就是在线上找到另外一家服务更好的外卖餐馆，轻松下单消费。

更进一步地，如果你认为常用的外卖平台提供的订餐服务不佳，你还可以轻松找到另外一款外卖平台软件，享受更加优惠的会员服务。因为你知道，大多数提供外卖服务的餐厅是不会跟某个外卖平台签独家合作协议的，你心仪的餐厅在其他外卖平台也很容易找到。

上面的情形是我们在日常生活中比较常见的“买方市场”活动场景之一。买方市场亦称“买主市场”，通常情况下是指商品供过于求，卖主之间竞争激烈，买主处于主动地位的市场。在消费活动中，买方比商家处在更有利的选择位置上。市场商品供给量超过需求量，卖方降低销售条件，想方设法将自己的商品销售出去，以致廉价抛售商品，这对买方十分有利。买方对商品有充分的选择权，引起市场商品价格下降。商家竞争不仅表现在价格方面，还表现在质量、花色、式样、功能、服务、交货期、包装等方面。

事实上，随着消费增长红利时代渐逝，我们身边的典型行业已发展成为买方市场。这些行业表现为供用户选择的商品种类非常丰富，而用户对产品和服务提出了更多元化的需求，并且能够影响商家对产品与服务的定价。

买方市场的出现，是市场商品供大于求导致的吗？我认为有更复杂的原因。

随着我国经济的飞速发展，消费者对产品服务的升级呈现出不同的需求状态。在一、二线城市，消费者对商品服务的品质追求更高，商家竞争也会更激烈。如果市场上出现了一款新功能、新体验的产品，类似的竞品也会很快出现。消费者的选择多了，就会呈现出“买方市场”的局面。

同时，随着互联网的普及，三、四线城市甚至乡镇偏远地区的消费者也能够轻松地买到更多物美价廉的产品。一些本地市场没有的产品服务，消费者可以通过线上下单，快递会在两三天将商品送到消费者家门口。这种消费市场的变化，使得商家不仅要参与线下竞争，还要与电商平台上的外地商家竞争。互联网使消费者的选择日益丰富，商品不再像从前那样稀少而珍贵。

通过观察，我发现与大众生活需求息息相关的典型产品都在逐渐进入“买方市场”。2020 年，世界范围内都遭受了新冠肺炎疫情这一突发事件的影响，但我认为疫情不是引起“买方市场”的唯一原因，为了客观反映企业所面临的市场变化，我来重点分析一下疫情前各行业所呈现的市场情况。

房地产

让我们先来看看大众刚需产品——房地产的市场情况。据贝壳研究院统计，截至 2019 年 12 月底，全国商品住宅开工的库存在 29. 4 亿平方米左右，平均去化周期在 23. 5 个月。据中国银行业协会首席经济学家巴曙松分析，2019 年公告破产的房企达 528 家，而 2020 年 1—2 月，公告破产新增房企 100 家，照此估算，2020 年房企破产总数在 600~700 家。

据统计，我国的房企有 10 万家，这 600~700 家预估破产的房企其实比例不算大。根据贝壳研究院报告，由于外部房地产调控等原因，业主卖房周期拉长，以北京市场数据为例，链家二手房业主平均成交周期近 112 天，而"317 调控"前，北京购房者买到一套房子平均需要 40 天，调控后成交周期拉长至 3 个月以上，客户快速成交率亦由 64%降至 36%。从 2019 年重点城市的价格来看，成交率增长的天津、济南、武汉和南京等城市，其价格并没有明显上涨。成交率的慢增长意味着价格稳增长，在平稳的市场环境中，购房者的选择权将会更大，话语权会更强。

家用车

2019 年，受到经济形势变化及部分城市摇号限购的影响，汽车行业并不太好过。

汽车行业从业者表示市场压力增大，甚至有人提出中国汽车市场正在经历"寒冬"。数据显示，2019 年全国新车产销分别为 2572. 1 万辆和 2576. 9 万辆，产销量同比分别下降 7. 5%和 8. 2%，产销量降幅比 2018 年分别扩大 4. 2%和 5. 4%。

2019 年下半年，吉利控股集团董事长李书福接受采访时说：中国汽车市场已经成为买方市场，一些外资品牌汽车公司为了抢占市场份额纷纷降价促销，中国自主品牌汽车产品因此失去了部分市场份额，从最高的 46. 9%降至 33. 2%，对中国汽车工业而言，这不是一个好消息。

汽车行业处于"买方市场"阶段，有人提出汽车主机厂商应该与汽车经销商深度协同，以应对这种新的市场变化。汽车行业本身也在发生变化，汽车主机厂不再盲目追求销量和市场占有率，在制定车型指导价的时候要考虑市场环境，适当地给经销商"让利"，避免经销商后期承担高库存带来的风险。汽车主机厂更要以销定产，迎合市场需求，调整产业结构。在买方市场阶段，汽车主机厂商与经销商保持协同作战，共渡销量下行难关。

服饰业

由纺织工业主导的服装、家用纺织品等民生用品，是中国社会最先告别“短缺经济”、由卖方市场转变为买方市场的工业经济领域。如果产品设计不能更新换代、品牌影响力消退、跟不上零售趋势，就会被新一代的年轻消费者逐渐抛弃。

2003年前后，我国服装消费处于品牌化早期，为卖方市场，消费者购买意愿相对较强。2020年，我国经济发展水平和人均收入水平已经明显高于2003年，但消费者对服装的购买意愿降低，消费意识更理性，行业转为买方市场。

据调查，2020年，服饰业逐渐回归到了以舒适面料、朴素花纹和去掉过多装饰为主的早期时尚潮流，更多的普通消费者成为舒适、朴素、简单的衣着打扮爱好者。以简单舒适著称的优衣库销量增加，国内分店飞速扩张。

据统计，截至2020年第一季度末，45家品牌服饰上市企业中，有40家企业净利润均呈同比下滑的态势，有16家企业净利润出现了亏损的状况。如运动休闲服饰巨头阿迪达斯，在2020年第一季度，其全球销售额同比下降19%至47.5亿欧元，净利润则大幅跌至2600万欧元。为了提振销量，阿迪达斯在中国开启了长达数月的5折促销活动。

2020年暴发的新冠肺炎疫情让服饰产业雪上加霜。2020年6月26日，另一家运动服饰巨头耐克发布的2020财年第四财季（3月1日—5月31日）财报显示，耐克出现了罕见的亏损——季度净亏损7.9亿美元（超50亿元人民币），而营收则同比下降38.14%，降至63.13亿美元。

餐饮业

餐饮行业市场规模大但比较分散，竞争相对来说比较平缓，市场门槛低且进出自由。根据国家统计局统计，2019 年社会消费品零售总额中，餐饮收入规模达 4.67 万亿元，同比增长 9.4%。但是，《新京报》记者对 12 家上市餐企 2019 年的营收进行盘点，发现超过半数企业的净利润同比下滑。具体来说，12 家餐企中有 10 家在 2019 年实现了营收同比增长，2 家下滑的企业分别为全聚德和国际天食；从盈利能力来看，有 7 家企业净利润同比下滑，3 家净利润同比增幅不足 1%。多年前就风光上市的全聚德、味千中国及呷哺呷哺，在 2019 年的净利润出现了 30%至 70%不等的下滑。

在新冠肺炎疫情暴发后，餐饮业无疑是受损最严重的行业之一。就连全球知名连锁快餐巨头都因疫情关店数家，更不用说因资金链断裂而倒闭的大量中小餐馆了。受疫情影响，麦当劳计划关闭美国 200 家门店、星巴克计划关闭美洲 400 家门店、吉野家计划关闭全球 150 家门店，而汉堡王在新西兰的业务甚至已被破产托管。

餐饮业相对技术制造业属于市场进入门槛低的行业。随着居民生活水平的提高，餐饮店产品种类日益丰富，餐饮行业逐渐转向买方市场。起初，消费者被知名餐饮品牌吸引，先是全聚德、砂锅居、老孙家等老字号在市场上攻城略地，随后出现了主打用餐服务和营养美味快捷的海底捞、真功夫等新品牌。近年来，餐饮行业又出现了巴奴、黄记煌、小吊梨汤、湊湊、绿茶等针对不同消费者的细分品牌。

消费者已经不再满足于“吃饱”的需求，而是要吃得好。由于需求多元化，餐饮品牌商家加大了争取顾客的力度，用各种“招式”吸引顾客进店消费。

文创旅游

过去几年，我国文创与旅游行业蓬勃发展，产业飞速增长，但随着文旅资源的供应增多，竞争日益激烈，行业逐渐由卖方市场过渡到买方市场。目前，文旅品牌已从标准化、同质化的产品变成专业化、个性化、系统化的商品，以吸引消费者的注意，满足消费者对文旅内容的高要求。

在线旅游主导了卖方市场的兴起，像携程等头部公司创造了很高的市值，但新兴的年轻游客更追求高度个性化和深度的体验。基于此，买方市场的核心点在于消费决策，用户首先做消费决策，然后才能去完成旅行中的个性化体验。

携程在2020年发布的《2019国民旅游消费报告》称，三四线城市成为我国旅游消费增长最快的城市，“90后”跻身旅游“主力军”。该报告称，在年轻客群中，个性化深度体验更受欢迎。“95后”热衷于“一地多刷”，一年中多次到访同一目的地的人数同比增长超过160%。品当地美食、住民宿、找个当地向导带着玩，年轻群体愿意用这样的方式体验当地文化。

2020年新冠肺炎疫情前后，携程创始人梁建章为了争取“90后”和“00后”的旅游消费主力军，不断突破个人年龄限制，深度挖掘了他的二次元人物Cosplay（动漫人物角色扮演）的天赋，以各类动漫角色形象参与近百场直播，为售卖携程各类旅游消费项目亲自上场“赚吆喝”。

数码家电

电子消费品领域发展至今，早已经从卖方市场转变为买方市场。你在电子商务平台搜索一款电子产品，会有超过100种选择。产品品牌、品质已经超越价格成为消费人群的关注重点。

受4G红利逐渐消失、市场需求减弱、痛点创新不足、产品同质化等问题影响，我国手机市场出货量呈下降趋势。中国信息通信研究院发布了国内市场2019年全年手机出货量数据：总体出货量为3.89亿部，同比下降 6.2%。这是自 2017 年起手机出货量连续第三年下降，手机厂商的竞争压力在增加。

同时，在生活家电行业，受房地产调控政策影响，与房地产强相关的家电行业在 2019 年整体需求不足，由增量市场转向存量市场，由卖方市场转变为买方市场。据中国电子信息产业发展研究院统计，2019 年家电市场全品类零售额同比下跌已经超过 5%。需求不足带来的高库存压力迫使家电行业“价格战”频发，各企业纷纷低价去库存以减少损失。

价格战让消费者普遍受惠，但对商家而言，长期让利促销并非好事。我们拿智能音箱这款电子产品来说，智能音箱凭借其语音交互、外观精致、科技感强等特点，深受年轻消费者的青睐，市场保持高增长的态势。据前瞻产业研究院统计，2019 年全年出货量为 4589 万台。为了抢占更多的市场份额，以阿里巴巴为代表的巨头，早在 2018 年就开启了智能音箱“补贴”大战。“99 元智能音箱带回家”几乎成为当年所有智能音箱商家的标签。然而，随着智能音箱市场的竞争进入“下半场”，仅仅是低价已经很难打动消费者，如何拓展产品的使用功能及服务，真正形成以语音为主导的“智能化”场景生态圈，成为商家必须要仔细考虑的问题。

零售商超

20 世纪 90 年代以后，中国零售业进入买方市场，产品竞争越来越激烈。百货公司开始以联营方式直接进驻百货店经营主要品牌，形成了大区、各省多级授权的经营模式，百货业由此形成区域格局。

随着消费结构升级，成本上涨和电商崛起，百货企业为提升竞争力，纷纷在原有基础上打造多业态格局，满足不同层次消费者的消费需求。据中国百货商业协会调查，超 70%的百货企业涉足百货以外的零售业态，包括超市、便利店等。

现阶段，国内“95后”“00后”越来越追求全方位购物体验和时尚小资的生活方式。许多百货企业致力于打造以消费者为核心的体验式消费场景，引入亲子、IP、艺术、文化、娱乐、餐饮、科技等元素，刺激用户的消费欲望。同时，用户进入任何一家零售商超，都希望商品量丰富，不用寻找、不用排队，多快好省地完成一次购物。目前，主要百货商家都将线下与线上平台融合起来，提出O2O（从线上到线下）模式与新零售模式，希望用户可以用手机登录线上购物平台，快速找到商品，结账使用多种扫描及付款方式，节省用户购买成本，提高零售效率。2017年后，随着盒马鲜生、永辉超级物种、京东7fresh、多点、未来鲜生等新零售便利商超品牌纷纷进入市场，消费者依然把握着择优使用的话语权。

网络游戏

据中国音数协游戏工委统计，自2018年之后，游戏用户规模进入缓慢发展阶段，新用户越来越少，开始存量竞争。2019年第三季度较2018年第三季度用户规模仅增加0.4亿人，同比增长6.18%；同比增速逐渐下降，由2019年第一季度的1.7%下降至第三季度的1.0%，增速放缓。

另外，国家收紧了对游戏发行出版版号的批复，游戏版号“断粮”的10个月，游戏推迟发行上市，直接导致游戏用户的减少。截至2019年6月末，前瞻产业研究院统计的手游用户规模为5.9亿人，比2018年同期减少了5000万人，若以2019年初为分水岭，游戏用户下降趋势明显。

为了挖掘游戏的多维度产值，各厂家已开始用影视IP、海外动漫IP来绑定游戏，推出多元化的营销传播手段，开展游戏全产业“泛娱乐化”战略的市场竞争。同时，网络游戏行业发展至今，人口红利逐步消退，由增量市场逐步转入存量市场，由卖方市场转向买方市场。如何满足不同玩家的多元化需求，将成为整个行业必须思考的问题。

在对上述几个典型产业发展现状进行分析后，我们看到这几个与消费者生活需求紧密相关的产业都逐渐进入了“买家主导”的市场。未来，企业将不得不面对因选择权越来越多、消费力日渐增长而更加“挑剔”的消费者。商家只有持续推陈出新及精准满足用户的个性化需求，为用户提供更好的购物消费体验，用户才有可能付款购买。

1.2　流量是企业“会呼吸的痛”

流量概念来源于互联网产业。互联网企业认为有机会接触商家线上产品或平台的潜在消费者，哪怕是初次接触，或者是被诸如红包补贴、免费赠品等吸引而关注企业的人，都有可能发展为真正付费的真实用户。商家吸引到的潜在用户量越大，转化为真实用户的总量越大，潜在用户量就是商家需要争取的“流量”。

在这个商业运作逻辑下，企业纷纷加入吸引与获取线上潜在用户，也就是流量的竞争中来。由于市场对流量思维策略普遍认同，很多非互联网的公司也纷纷开设线上获客平台商城，将实体产品和线下服务转移到线上，获取线上流量，提升真实付费用户创造的企业价值。

如今，商家开设一个新的线上平台或线上营销渠道，“流量”就源源不断涌进来的时代已经过去，企业与流量的关系也变得微妙起来。一方面，企业急需吸引流量，流量意味着更多付费用户的可能性；另一方面，企业又对流量有一种“恨铁不成钢”的情结。有人说：“我花了巨资去导入流量，只有一半对用户增长起了作用，遗憾的是，我并不知道起作用的流量是哪一半。”现实情况是，企业为了吸引流量，不惜以“先散财再聚财”的逻辑，投入大量红包与免费赠品，在这些优惠的吸引下，消费者纷纷加入注册兑换红包与赠品的队伍中，总流量飞速上涨，但免费的常常是最贵的，企业寄希望于大量流量转化成为真正付费用户，但企业不知道这样高投入赔本赚吆喝的过程还要持续多久，能不能撑到等来足够多真实用户实现真正营收的那一天。2019 年的共享单车、生鲜买菜会员、共享货架等以获取大量流量的互联网模式为商业逻辑的“明星”项目，最后走向倒闭，都让市场看到了追捧线上流量的商业模式中蕴含的风险与局限性。

企业运营现状

我认为，在互联网流量获取上，目前的企业正面临着三个不可忽视的现状。

（1）头部互联网企业已占据大部分互联网流量

截至 2020 年 1 月，以国内移动互联网日活流量计算，腾讯系拥有 18.4 亿用户，阿里巴巴系拥有 7.7 亿用户，百度系拥有 5.9 亿用户，头条系拥有 5.1 亿用户，快手系拥有 2.3 亿用户。同时，如以用户移动互联网月使用市场计算，用户贡献给腾讯系的总时长为 676 亿小时，占全网的 42.9%；阿里巴巴系为 76 亿小时，占全网的 4.8%；百度系为 90 亿小时，占全网的 5.7%；头条系为 229 亿小时，占全网的 14.5%；快手系为 80 亿小时，占全网的 5.1%；其余合计为 424 亿小时。BATTK（百度、阿里巴巴、腾讯、抖音与快手的简称）自 2015 年到 2020 年一直保持着 70%以上的用户总时长占领份额。

头部互联网企业对线上流量瓜分殆尽，其他企业如果要通过线上商业平台吸引顾客、营销推广、带货直播，会优先靠近这些互联网平台巨头。在这几个主要“舞台”中，商家需要与成千上万的其他竞品企业争夺流量，也意味着企业获取新流量的平台准入壁垒、成本投入逐渐增高。

（2）传统电商行业增速放缓

企业要做流量，一方面不得不进入几个大的流量丛林，另一方面却要面对传统电商行业整体增速放缓的局面。在经过多年快速增长后，传统电商进入稳定发展的成熟期。

根据国家统计局统计，2019 年中国网上实物零售额约为 8.5 万亿元，占社会商品零售总额的20.7%。伴随着服装、电子等传统品类市场逐渐饱和，整体放缓趋势更为明显，年增长速度从之前的25%~30%回落到20%左右。零售电商平台巨头也面临减速的局面，阿里巴巴的网站成交金额（GMV）增长速度从2015年的45.7%回落至2019年的18.8%，而京东的GMV增速从2015年的84%降到2019年的26.2%。

在这种情况下，对90%以上的中小企业而言，如何保证投入的成本吸引来的流量真正转化为付费用户，是一个必须面对的问题。2018年后，“增长黑客”概念的兴起，正说明了市场对于流量转化为真实用户的重点关注。企业纷纷增设首席增长官和增长部门，以改善经营中粗放型吸引流量的手段，提升真实付费用户的转化效率。

（3）私域流量操作难度大

2020年初，私域流量突然火了。私域流量是相对于“公域（平台）流量”而言的，指的是企业无须付费，可以任意时间、任意频次，直接触达用户的渠道，比如自媒体、视频号、用户群、微信号等。

私域流量之所以火，是因为头部流量聚集平台进入门槛提高，新增流量获取成本增加，企业不得不寻找新的获取流量及用户转化策略。据统计，电商零售企业获取单位真实流量付费用户成本达300~500元/人，而一些互联网金融科技企业获取真实付费用户的流量投入成本甚至超过1000元/人。

获取流量成本过高使得企业日益重视免费的流量渠道，以及原有存量流量中的真实付费用户群体。企业不仅重视微信群的运营，甚至发现之前不太重视的QQ群、新浪微博企业官方号、社交视频号等也是免费的潜在用户流量渠道。同时，这些私域流量渠道带有企业自身的风格，吸引来的流量中，存在更多的对企业品牌与产品服务感兴趣及认可的优质潜在用户。

我有一个朋友小Bo是国内某知名同城快速配送的配送员社群与新媒体运营经理，他负责运营公司在全国的60多个配送员及用户群，并运营抖音账号。对于小 Bo 来说，配送员更像他的“客户”，他要维护好这些配送员，确保他们乐意接下同城配送的订单，还要说服配送员或用户发送工作中的一些段子或收件人的反馈视频，以便上传到抖音官方账号。“最近这些群真是越来越不好维护了。”小 Bo 说，“配送员和用户动不动就投诉运营经理，理由千奇百怪，而且主动给反馈的配送视频内容素材越来越少了，还得求着他们反馈。”像小 Bo 这样的社群维护经理面临的问题在企业私域流量中也具有普遍性。企业将增长部门升级为私域流量运营部门，实际操作中才发现还是要从 0 到 1 实现落地。

私域流量经营途径

当下企业经营私域流量，主要通过两个途径，下面我将对这两个途径进行分析：

（1）微信群

在建群初期，为了提高用户在群内的活跃度，企业会向微信群分发企业优惠券、礼品与现金红包，微信群的用户朋友会瞬间反应，如抢红包、申报礼品等，但一旦要做全款付费购买引导，群内用户朋友又瞬间沉默，响应者寥寥。

更令企业苦恼的是，免费微信群活跃度有一个生命周期，如果不持续活化、引入新群友或做其他运营改善，微信群活跃度从热到冷的平均生命周期仅在 1 个月左右；而临时组建的微信群，例如，为了某个营销活动组建的用户微信群，平均生命周期仅 5 天左右。

（2）视频社交直播号

视频号或直播号是免费的私域流量入口，企业即使不购买电商平台的付费服务，也可以免费开直播。2020 年，直播电商发展迅速，直播界的顶流李佳琦、薇娅每次直播带货的用户真实付费转化率都高得令人惊叹。企业纷纷注册直播号、雇用社交视频运营人员与直播人员，用抖音、快手等视频直播号来“带货”。

直播电商的用户付费转化是否真的这么有效呢？越来越多的公众人

物开始直播带货，然而，实际开直播带货之后，他们发现流量转化效果并没有想象中的那么好。2020 年，某自媒体大号创办人在直播间卖某品牌奶粉，淘宝单价 358 元/罐，直播结束后仅卖出 12 罐，奶粉的商家支付给他的广告费用是 60 万元，每卖出一罐奶粉的投入是 5 万元。某综艺流量明星在淘宝直播的销售额仅为 3 万元，而另一明星直播带货结束后连销售数据战绩都没有发。

私域流量的概念火，不代表转化就好落地。因为私域流量的本质是商家用情感打动用户，让用户先信任商家，才会“爱屋及乌”认可商家品牌并购买商品。

企业运营建议

2020 年后，当低转化率遇到高获客成本，企业传统的“撒钱”买流量的互联网商业运营思维已经过时；以用户为中心，精细化运营，提升转化和留存的超级用户思维才是破局关键。对此我有三个建议。

（1）从依托中心化流量平台逐渐过渡到去中心化的深度运营

在视频号与直播号运营上，因为企业自建直播平台的成本更高，所以难免要通过各类中心化平台（阿里巴巴、京东、抖音、快手等）来获取用户流量。但企业要明白，中心化平台中的用户属于平台，与在这些平台上买流量的企业商家并没有必然转化的关系。只有将这些用户导入企业自身的潜在用户运营社群中，才能实现真正的流量可控和潜在用户转化深度运营。

（2）企业持续为用户打造深度服务

中心化平台和各类私域流量池（微信群等）只是工具，本质上与企业的线下用户/会员社群没有区别，不要把各类流量聚集平台工具当作工作的目标与答案，而是先思考为用户提供什么样的差异化特色服务。如果只是循规蹈矩地发红包和开展各种有奖活动，那么引发的流量增长的“热闹”局面就只是暂时的。深度服务其实是企业通过个性化的服务真正解决这些用户的诉求。

（3）企业保持与用户共情以打动用户

每个企业都有属于自己的定位与品牌气质，准确的企业定位和品牌气质能够让用户产生信任感，从而提升用户对企业产品服务的持续购买力。只是机械地运营微信群，用户付费提升转化效果不会理想。例如，每天在群里向用户发新闻早报，那运营效果可想而知。企业产品有什么特质？企业的文化有什么特质？不要犹豫，以这些为核心，表达出你的产品服务特质，才能让群里用户产生共鸣。

1.3 企业的新产品≠新用户

企业为了创造新的增长点，在产品销量下降、市场份额缩减时，会研发推出新产品。企业对新产品寄予厚望，希望新产品不仅能够唤醒原有用户，而且能带来一批新用户，为公司寻找到新的营收利润增长点。

市场外部的不确定性增加，更助推了企业加速开发新业务、研发新产品的进程。

如咨询服务公司感受到疫情的影响，想要推出线上服务应用；教培领域的公司更是在疫情影响和国家政策的鼓励下，纷纷开设了线上授课培训平台；工业设计咨询公司也将资源与人力投入到了原来不太受关注的工业设计专家线上整合平台，将其市场品牌宣传属性定位提升到增创营收产品定位，组建团队来改版出新。

企业推陈出新是保持经营活力和持续发展营收的主要方式，但新产品一定能带来新用户吗？

许多企业将研发新品，特别是打造爆品，作为产品战略的目标核心。但是市场上真正叫好又叫座的新产品凤毛麟角。从大数据统计，企业推出新产品，更像是进入一个新的细分市场；面对全新的竞争环境，企业仅靠产品换新的举措获取新用户、挖掘新营收途径的成功率不高。

我们拿推陈出新频率很高的零售消费品行业来举例。2014 年起，全球著名的市场监测和数据分析公司尼尔森跟踪了 15000 个快消领域的上市新品，到 2015 年，这批新品仍然在市场上存活的仅有 50 个。

无独有偶，据尼尔森统计，2017 年中国消费品市场上市新品个数达 25473 个，比 2015 年增长 15%，但这些新品大多数是短周期产品，超过 70%的新品市场存活周期不足 18 个月。

新产品在市场上的存活率不高，而且大部分的市场存活周期都很短，这就是企业需要面对的一个现实。

也有企业提出疑问，大部分新产品在市场中难以存活，这只是说明了市场竞争激烈导致的新产品失败率高，但那些存活下来的新产品是否会对企业获取新用户有很明显的帮助呢？

我将从两个典型的大众消费领域产品来分析这个问题。首先，来看看受众广、流通率高的快消产品。Kantar 市场研究集团 2015 年数据显示，全球快消新品在上市 3 年后，依然在货架上的平均占比只有 45%，而实现高净增长的只有 19%；既实现了高销量又实现了高净增长的新品只有 4%。换句话说，3 年内，96%新推出的快消品都没成功实现企业对市场销售额的预期。

其次，我们来关注那些科技含量高、生产门槛较高的科技类产品。根据哈佛商学院的统计，在以科技为中心的初创企业中，90%的企业会倒闭。成熟甚至领军企业开发的科技新产品，失败的例子也屡见不鲜，如谷歌眼镜，这款 2012 年发布的划时代产品，因功能少、应用场景不明确，且高达 1500 美元的售价，导致几乎没有用户愿意为谷歌眼镜埋单，这对企业来说是致命的。

蕴含前沿科技的产品又如何呢？我以人工智能技术新产品举例。国际数据公司（IDC）在 2019 年 7 月发布的《人工智能全球应用趋势与战略报告》中表示，在已经使用人工智能的企业组织中，有 1/4 的组织，AI 项目失败率高达 50%。

事实上，企业开发新产品，不一定带来新用户的增长，甚至有可能对公司原有业绩产生负面影响。市场研究公司特恩斯白皮书（由 Crook 撰写，名为《要不要创新》）显示，在全球范围内，超过 1/3 的新产品实际上导致母公司的市场份额下降，原因是公司推出的新产品鼓励了此前一直对本公司产品忠诚的用户开始探索其他替代性产品。

举个例子，金嗓子是全国知名的润喉片品牌，2015 年 7 月 15 日，金嗓子控股集团有限公司（以下简称金嗓子）在香港主板上市，市值曾达 60 亿港元。由于过于依赖金嗓子喉片，公司在销量下滑的情况下，一直试图通过对产品提价以稳定业绩。据调查，金嗓子喉片约占公司总营收的 90%，产品单价上浮 30%以上。

销量下滑让金嗓子试图通过草本植物饮料寻找新增长点，2015 年 5 月，金嗓子宣布正式进军饮料市场。公司推出的新产品植物饮料是一种传统的中式饮料，主要功能为清嗓润喉。为增加草本植物饮料的筹码，金嗓子于 2016 年 2 月成立了金嗓子食品公司，该公司主要从事食品及饮料的开发及销售，包括金嗓子草本植物饮料系列产品。2016 年 4 月，金嗓子生物科技公司成立，该公司主要从事草本植物饮料浓浆研发、加工及销售。公司以“清清嗓子，让世界听我的！”为广告语，大规模推广该饮料。

但市场并不买账，金嗓子公布的 2016 年财报显示：公司实现收益 7.68 亿元，同比增长 8.7%；净利润为 1.03 亿元，同比减少 33.4%。金嗓子在财报中表示，净利润下滑主要是由于草本植物饮料业务的亏损。至今，金嗓子公司市值暴跌已近 80%。

新产品为何不一定给企业带来新用户，我认为主要有下列五个原因。

（1）新产品追求新技术、新理念与新模式，但忽略了大众消费者的普遍需求

据尼尔森对新产品调研发现，接近 50%的测试新品没有清楚表达如何让大众消费者通过购买使用产品受益。如果仅针对小众消费群体的需

求，只有 5%的产品概念能够为品牌带来增长。新品取得市场成功，关键在于能够增加企业品牌价值或拉动品类销售额增长。新产品要想取得成功，最安全也最实际的策略，依然是考虑大众消费者的需求。

Arivale Inc. 是美国一家生物科技公司，它的产品/服务是通过基因检测和调查生活方式，评估用户的身心健康状况，并为用户提供优化身体健康、避免疾病的系统性指导。该公司曾成功融资 5260 万美元，但在 2019 年，公司黯然申请破产。该公司推出的基因检测和验血产品与服务的价格太过昂贵，几乎没有用户可以支付这笔费用。此外，这些产品服务都是长运营周期，因为做这些检测还需要花费一定的时间、人力、财力，这导致它们在相当长的一段时间是“亏本运营”。作为初创公司，它没能撑到开始盈利的那一天。

（2）不能为用户提供良好的新产品体验

为了更加快速应对日益激烈的市场变化，推出更多新品上市，产品生产企业极力压缩产品的测试流程，这就缩短了产品分析和优化的时间，最终可能导致消费者对产品的第一印象不佳。

尼尔森在近期一项针对创新专业的研究中发现，近半数（47%）的受访者表示，在创新阶段，当产品上市成为首要任务时，对产品的调研和分析环节常常被省略。

产品体验是延续成功的关键因素。尼尔森数据研究发现，产品测试中表现优异的新品上市后，产品成功的可能性是表现平庸的新品的 15 倍；而在产品表现及产品忠诚度上，没有达到“准备就绪”的产品上市后，失败率高达 80%。同时，这种差异会导致新品在上市第一年，销售额相差 30%。为了缩短这一差距，使产品在上市后拥有绝对优势，高效的新品测试变得非常有必要。某些品类（如电子产品等）在上市后可以不断优化改善，而对于快消新品来说，顾客的第一印象至关重要，上市后再进行改进将会承担更多的风险。

2003 年，Firefly Mobile 首次推向市场，产品定位是“专为儿童设计的移动电话”。Firefly 的这款儿童移动电话尺寸很小，部分原因是没有键盘。Firefly 的用户控制非常简单：一个按钮打给妈妈，一个按钮打给爸爸，还有一个按钮打给 911，其他号码也可以输入手机。但即便如此，对于这些儿童的父母来说，这个过程也是比较复杂的。

推向市场之后，这款发光手机的玩具式设计受到了父母和孩子的嘲笑。作为手机的主要使用者——孩子不愿意被人看到使用一台像“芭比娃娃”的手机。这款产品也没有价格优势：无限通话和短信套餐每月要花费 65 美元，没有上网选项。2012 年，Firefly 在没有公布退款计划的情况下关闭了门店。

（3）新产品营销力度不够

以前新品上市选择线下渠道（如大卖场、超市等）。如今线下渠道存在客流量减少、顾客老龄化问题。以往的新品宣传推广砸向主流媒体，就会产生非常理想的效果；现在主流媒体的传播效果也在下降，媒体正在变得小众化、碎片化。有些企业开始选择线上渠道为上市推广的主渠道，但线上渠道并不能完全实现新品推广的全渠道影响。

尼尔森对 600 个跨市场和品类的上市产品调研结果表明，其中 1/3（200 个左右）新产品的失败是因为缺乏足够的市场营销支持，这些支持包括市场搭建投资、营销投入、渠道建设等方面。

对于那些第一年表现不错的新产品，为了在上市第二年依然能够保持市场活力，企业除了依赖重复购买者，也在努力吸引更多新客。不过，上市第一年后，视新产品的市场表现和资源配置的需求，企业通常对新品分配的预算也会缩减，而这会抑制销售额增长，导致上市后第二年到第三年的铺货率降低；此外，受新竞品进入市场等外部因素影响，这些新产品的市场销量也会呈普遍下滑趋势。

百雀羚为了配合产品换新包装，曾投入重金制作了一支以民国为背景的复古风产品剧情广告，一经推出立刻赢得了广泛关注和转发。这支充满创意的广告，官方统计的传播成绩显赫：与百雀羚广告相关的微信文章达 2481 篇，仅微信平台就贡献了累计超过 1 亿次的曝光量及 3000 万次的总阅读量。但投放效果复盘时，百雀羚 3000 万+的阅读量，真实消费者付费转化不到 0.00008。有人根据百雀羚天猫旗舰店的销售数据进行了估算，推算出在该广告推广期间，天猫旗舰店作为主要营销渠道，销售量在 80 万元左右，跟这支广告的投入比起来，实在是杯水车薪。

（4）不重视消费者消费观念的变化

现在各行业都在进行产业转型升级，顾客的消费观念也在升级，特别是中产阶级对产品的品质提出了新的要求，而一些企业在新品开发时，把产品的升级简单理解为产品质量与价格的提升。有些企业为了追求所谓的产品升级，在包装上花费很大的代价，通过精美的包装提升产品的价格，忽略了用户真正关注的产品本身的使用价值和产品所带来的情感或者价值利益。

今天我们的产品概念一定是产品整体品质与创新体验设计的概念，简单地通过外围或者粗暴的营销方式提升价格的策略无疑是一种赌博行为。在消费升级的大背景下，人们的消费理念、消费方式、消费领域都在发生变化。消费升级带来的并不是商品的由低到高、由少到多的变化过程。面对新消费主力群体，一些品牌出现了老化现象。

（5）新产品是伪创新

企业推出新产品，是为了寻求新的市场竞争力及新营收的增长机会。然而，一些公司新产品考虑的核心目标，却绕开了“实现用户价值”。这些新产品，要么将时下新技术与产品加和，如在产品上增加深度分析和人工智能等技术元素；要么追求设计与创新的完整，而忽略了企业生产新产品、用户更新换代新产品的替代性成本。更有甚者，一些企业假装创造“新模式”，打着“创新”的幌子将所谓的新产品推送给消费者。这样的企业突破了商业底线，新产品即使能够一时打动消费者，最终也会走向失败。

云视链创始人兼CEO金证济苍创立云视链时才23岁，据说曾被福布斯评为“2015年30位30岁以下创业者”之一，是这个榜单中获此荣誉的最年轻的一位，当时他只有21岁。根据公司官方介绍，云视链最大的价值在于将视频单向内容输出变为双向互动。

不过用户试用产品后发现，所谓的云视链是在视频区域内加文字标签，可以理解为标签式的弹幕，可以在有限的视频区域内任何位置进行添加。云视链上线后，多家投资机构约谈，但不久便受到质疑。根据知乎上网友爆料，这个技术很早之前就已经有人在做了，并不是新技术。不管云视链的技术是否属于独创，一个科技创新产品，绝对不能是创始人凭借自身兴趣而设计的作品，需要经得起市场和用户的检验。

据咨询公司统计，2020年上半年，倒闭的公司集中分布在电子商务、汽车交通、本地生活3个行业，占比超过60%。如果我们将时间倒回3年前（2017年），电子商务、汽车交通、本地生活、企业服务都是资本最青睐的项目，经历了近3年的“补贴—烧钱—数据—融资”循环后，大浪淘沙，大部分创新公司退出商业舞台，市场最终只容得下几家头部公司。

2020年倒闭公司的轮次集中分布在A轮、天使轮，创新项目在早期因为其资源有限，运营成本承受力低，“死亡率”是最高的。根据恩美路演统计数据，约有58%的项目夭折于发展初创期，且A轮公司失败率高于天使轮。在2020年资本市场一派低压的情况下，项目获得融资更加困难了，创业者面临的考验也愈加严峻。创投市场竞争的关键就在于能否寻找到持续盈利的模式。

据了解，19%的初创公司止步于成长发展期，将公司所属行业及其最新一轮融资轮次叠加观察后发现，公司即便被并购，其倒闭的风险依旧存在。据悉，2020年上半年，已有好些典型的新创企业虽然挺过了初创期，但在企业发展成熟期倒下了，如兄弟连教育、走秀网等。

企业新产品亮相市场，意味着企业既要拥抱新机会，又要克服新挑战。新产品刚进入市场，如同婴儿般稚嫩，对外界市场环境抵抗力低，离自生长式的发展还有距离。创新元素让新产品与众不同，但市场竞争规则的残酷依然存在。

过度关注新产品本身，忽略了市场与用户需求的企业，其新产品也许能带来新成本、新扩张、新融资，但追根究底，并不一定能带来新用户。

1.4　2021 年后，企业“超级用户思维”更重要

正如 Eddie Yoon 的《超级用户》中所提到的，超级用户是那些对企业产品与服务关注度很高的个人或企业客户。不需要对其投放广告营销，他们也会“不请自来”。他们对企业品牌与产品产生了高认同感，会持续购买企业的产品服务。对于企业来说，超级用户是绝对不容忽视的，虽然他们占比较小，但是对企业贡献的营收利润非常可观。“得到”创始人罗振宇也在 2017 年跨年演讲中提到，“商业的打法出现了一种从流量思维到超级用户思维的转变”。

从企业经营模式核心来看，用户的“真实”付费，是企业生存与持续发展的关键路径。在当今市场变化加速、竞争者层出不穷与用户需求多元化的环境下，企业要持续发展，就要尽可能地让用户从新客转为熟客、从偶尔付费转化为持续付费行为。留存优质用户、持续激活存量用户的价值转化，是企业开源节流的一个新途径。

在商业模式不断经受市场变化考验的今天，企业从用户身上获取价值的工作重心正在发生变化，越来越多的企业不仅关心自己有多少用户，更关心自己有多少超级用户，将维护超级用户、提升用户长期复购率视为一项重点工作。

企业更加重视留住用户，我认为主要是由于三个方面的原因。

（1）数字化营销与用户转化效果下降

2012—2019 年，随着互联网流量红利消失殆尽，中国互联网广告

的投放成本攀升，流量成本越来越高。根据中国互联网络信息中心统计，2016 年底，中国手机网民占全体网民的比例达 95.1%，能上网的人都在用手机上网。QuestMobile 研究显示，2016 年底，智能手机用户的平均上网时间为每周 80 小时；但 2016 年以来，智能手机用户上网时间的增长已经趋缓，未来上升空间不大。

与此同时，数字广告点击率却持续下降。据统计，互联网平均广告点击率从 25 年前的 44%下降到了 0.05%，用户的注意力成本也越来越高。与 C 端用户不同的是，获取一个 B 端客户，除了上述营销投入的各项成本外，还需要运营、市场、销售、技术等多部门的支持与配合，并需要更高的人力成本。

据不完全统计，与过去几年相比，企业的获客成本增长超 400%，电话、短信、邮件的接听率和阅读率下降了 33%，平均转化率不足千分之一，用户流失率超 70%。线索贵、转化差、留存复购难，已经成为企业普遍面临的难题。

（2）互联网应用的用户留存率下降

2020 年，移动应用因为新冠肺炎疫情的影响，迎来了用户使用时长及消费支出的爆发式增长。作为移动应用效能关键指标，理论上，移动应用留存率也会同步上涨，然而事实并非如此。移动营销咨询公司 AppsFlyer 对 2019 年 7 月—2020 年 9 月累计 600 亿次的应用安装情况进行了统计分析发现，月度安装超 5000 次的应用有 30000 款。从不同安装类型、操作系统和关键市场的应用留存表现看，受疫情影响，全球大部分用户居家隔离，应用会话（打开及使用应用发生的各种行为）与忠诚用户数量（即第 30 日依然打开应用的用户）较 2019 年同期分别提升 30%和 25%。其中，电子商务类应用留存率在第一天平均约为 19%，在第七天降至 9%，在第 30 天降至 4%；工具类应用第一天留存率平均为 8%，第七天为 4%，第 30 天为 2%。

同样时间范围内，平均每个应用留存率下降 12%。2020 年，自然安装与非自然安装（强制安装或补贴诱导安装）的留存均在不同时段出现下降。用户与应用会话总量实现跃升，但竞争加剧，平均每个应用的用户留存率反而下降。

（3）顾客消费行为习惯改变

中国消费者日益注重在社交中引发的消费。麦肯锡《数字消费者调查报告》显示，社交媒体的比例在 2017 年已经超过 85%，微信的社交应用已经吸引了超 9 亿用户。除了联络朋友、玩游戏和阅读新闻，社交媒体还迅速成为消费者重要的购物渠道，麦肯锡研究显示，社交媒体增加了用户 10%的购物时间。

购物体验对顾客消费行为决策影响上升。企业出色的增长速度和财务表现，往往与良好的用户体验密切相关。咨询公司在分析全球多个行业企业业绩与用户满意度之后发现，将用户体验做到业内顶尖的企业，往往有更出色的用户洞察力和用户黏性，甚至员工满意度也更高，在两年到三年的时间里，企业营收能提高 5%~10%，而成本却将减少 15%~25%。

持有存量用户，意味着企业能够以更低的成本获取更高复购可能性的优质用户。提高用户留存率是比增加新的付费用户数更快的用户付费增长路径。据分析，企业在吸引、教育和转换存量用户的成本上负担较低，平均用户续费成本比用户获取成本低 7 倍。

存量用户对企业营销行为更加认可。2020 年统计数据显示，对存量用户投放再营销广告的应用，其忠诚用户数量明显更高，30 天内用户留存率高出 70%，第 12 周留存率高出 85%，获客成本不断走高，但通过自有与付费渠道，企业与用户再次互动的成本却低很多。

留存用户为企业带来的效益转化比新拓用户更加明显，贝恩公司的研究表明，用户留存率增加 5%，企业利润可以增加 25%~95%，对应将现有用户转化为重复用户的可能性为 60%~70%。咨询机构 Runwise 对 65 个消费品品牌样本分析结果表明，这些品牌的平均用户留存率为 28.2%，表示 28.2%的用户会在同一家商店多次消费；而从这些品牌的营收总额分析，有近60%的收入来自品牌老用户。

用户留存的重要性同时引起了传统行业的关注。以银行业为例，在麦肯锡2019年对11家代表性银行的调查中，用户满意度得分处于前25%的银行在过去5年年均增长率为9%，而其他满意度的银行增长率为7%。这意味着5年发展中，满意度更高的银行逐渐累积出10%左右的增长率差异。

对于用户购买频率低的耐用消费品行业，超级用户思维也显得更加重要。以汽车行业为例，近年来，汽车行业进入微增长、负增长时代，东风汽车提出通过强化“超级用户思维”保持销量增长。耐用消费品提升用户体验的主要途径是个性化的用户维护服务。2018年10月8日，东风汽车成立客户服务中心，整合了该公司旗下的网络、备件、服务调度资源，面向轻卡、新能源、工程车等不同车系的客户，建立统一的服务网络、零件销售维修更换平台、客户服务呼叫中心，以提升服务响应效率与服务质量，实现服务资源统筹管理，进而打造围绕东风汽车用户需求的特色服务品牌。

在获客成本及人力成本不断高涨的情况下，越来越多的企业出于对公司利润保障的要求，考虑如何开源节流、降本增效。例如，企业客服中心从原来的成本中心转变成为利润中心。为了满足这个定位升级，企业提出“一体化客户中心”策略，打通了客服中心在售前、售中及售后的企业客群维护工作周期。例如，当下很多企业的客户团队会用红包或优惠券的方式引导用户关注企业公众号，并针对用户的精细化要求，千人千面地进行二次营销，持续挖掘用户留存价值。

为了精细化管理用户，很多公司都以数字化转型为契机，借助企业级应用SaaS平台（软件即服务）工具来提高公司效率。然而，近几年，以B端客户为主的SaaS行业也面临B端客户留存问题。企业级SaaS一般都多模块、多角色、多产品线，产品路径复杂，会因太难操作而导致客户流失的情况。

据统计，企业级 SaaS 官网新用户注册转化率低，80% 以上的注册不会成交。企业级 SaaS 重视销售，往往容易忽略通过自身产品留住客户，导致存量企业客户流失率高。目前大部分 SaaS 企业的客户运营处在探索阶段。如果按照 30% 的用户流失率计算，一家 SaaS 企业年收入是 1000 万元，下一年将会流失 300 万元的收入。当一家 SaaS 企业的用户增长速度达到瓶颈，用户流失率过高时，就很可能导致用户与收入增长停滞甚至倒退。

不管是 C 端还是 B 端，通常企业与用户会共同度过 3 个阶段：企业争取用户对产品认知阶段、用户对产品与品牌加深理解阶段及用户购买产品企业售后服务阶段。企业通过自身经营，成功让潜在用户了解产品，认识到产品能够满足用户某方面的需求。随后，在与产品接触过程中，用户对产品的功能和印象不断加深，对产品认可度逐渐提升。在这些用户中，一部分会形成对企业品牌的认可与对产品的依赖，发展成为复购用户。众多经验表明，售后用户维护投入的成本会低于前期新客拓展的成本。

在市场环境多变，生存发展更加紧迫的时代，企业将越来越重视售后用户维护对用户留存和持续复购的重要意义。

当下情况

第 2 章　形成超级用户思维

如今，激烈的市场竞争与用户需求日益多元化，引发了企业与用户之间关系的变化。用户对企业的态度，已经从“非你不可”发展为“有更多可替代的选择”。

用户根据自身需求，可随时选择结束与企业的合作。企业在用户管理上的核心问题，从之前的提供产品或服务转而聚焦到用户留存率与付费持续转化率上来。

企业需要形成超级用户思维，并将超级用户思维贯穿在企业与用户关系全周期，以提升用户在合作后的留存率与付费持续转化率。超级用户思维是企业重新定义用户与企业合作关系的企业文化，主要包括激活用户全生命周期价值、以“客户关系管理”为核心竞争力与赋予用户忠诚度新内涵 3 个逻辑。

2.1　激活用户全生命周期价值

企业形成超级用户思维，需要明确用户生命周期的意义。用户生命周期是指企业从开始与用户发生联系，到与用户合作结束这个过程。对用户生命周期进行管理的主要目的，是对用户所处阶段进行判定，然后根据不同阶段的特点，对用户进行合理的资源配置。同时，企业通过满足用户不同阶段的差异化需求，为用户提供满意服务，实现用户留存目标。

在完整的用户生命周期中，企业与用户关系一般经历 3 个阶段，包括提升期、稳定期与衰退期，这 3 个阶段企业能够挖掘到的用户价值分别如下。

（1）提升期

在这个时期，企业与用户双方都不确定是否能够建立合作关系，属于洞察和尝试阶段。企业通过对产品和服务的分析，勾画出潜在用户画像，明确用户拓展的策略。用户以满足自身需求为主要目标，在寻求对应的产品和服务过程中，初步接触企业所提供的产品与服务，可能会被企业提供的免费试用或派发的新客福利等吸引，向企业产品与品牌靠近。经过一段时间接触后，企业与用户对彼此都有了初步认识，此时企业对用户的信息基本有了初步收集，部分用户实现付费转化，企业储备一批合作的存量用户，并且用户持续增加。

在提升期，企业通过评估用户的价值，可降低风险，做出更科学的获客、用户留存决策。同时，在提升期就将“如何才能让用户重复购买”纳入产品优缺点分析、用户画像定位等工作中，能够对潜在用户群体做一个尝试与筛选。

有人可能会问，用户量不足，用户合作不确定性大，为何要考虑用户持续付费合作这么长远？因为用户画像分析定位也是一个动态持续的工作，如果等用户量积累到一定程度后，再去思考用户留存的问题，就会在市场反应、用户竞争等方面落后于对手。

（2）稳定期

在稳定期，企业与用户发展出稳定的合作关系，双方满意度较高，投入较大，成交量也很高。稳定期的用户黏性和交易量是整个用户生命周期的峰值。这一阶段企业获得的营收与利润最多，用户量也飞速增加。

在稳定期，企业走向经营正常化，这个阶段的用户基本符合企业目标用户画像的特征。在这个阶段，我建议企业不要将所有资源和工作重点都放在如何快速增加用户数量上，而是要居安思危，考虑用户留存和价值持续转化问题。这个阶段企业拥有的用户信息非常有价值，企业也有充足的财力、人力和实力投入用户留存策略的分析、规划和落地中。

这个阶段的用户留存工作，不能只是停留在简单地给老用户发红包和补贴返券的形式上，而要更加多元化地考虑“用户留下来并再次购买”的理由，对用户做好分级留存策略。要避免眼睛只看着新客，而忘记增进企业与存量用户的关系，以及提升存量用户的购物服务体验。

（3）衰退期

在衰退期，用户交易量下降，用户容易寻求其他企业的替代性产品而结束合作。在这个阶段，有一种可能性是企业会加大营销投入，力争留存重点用户，重新建立合作关系；另一种可能性是企业选择性放弃流失用户，专注于拓展新用户工作。

在这个阶段，具有超级用户思维的企业，不仅需要快速调整用户留存策略，还要及时分析流失的用户离开的具体原因和存量用户选择留下来的原因，适时调整用户留存措施。

在用户生命周期中，企业要关注并挖掘每个阶段用户给企业发展带来的价值，围绕超级用户思维，将存量用户与流失用户所提供的正面、负面反馈信息加以分析，动态调整企业用户留存策略，以实现降本增效。

2.2 以“客户关系管理”为核心竞争力

企业核心竞争力常体现为企业在资本、资源、产品、技术等方面的获取、协调与配置能力。随着市场产品同质化竞争趋势越发明显，如今企业在同类功能的产品加和与品质上，已经无法形成绝对领先和长久的竞争优势。

企业拥有超级用户思维，就是要明确企业在生产经营的各个环节上的优势；通过客户关系管理的优势来提高企业的核心竞争力，将企业在用户间的影响力转化为企业价值。

客户关系管理对企业而言是一种新的管理模式，企业一般通过互联网技术来简化协调与用户的售前、售中和售后等各阶段的关系，将用户作为企业的运作核心，力求提高存量用户满意度及忠诚度，最终体现出用户价值。用户成为企业非常重要的资源之一。通过客户关系管理，企业在市场营销、销售管理、用户关怀、服务及支持等各环节的信息，能够有序、及时、准确地在企业内部与用户之间流动，实现用户信息的深度挖掘与用户资源的有效利用。

无论是在线上还是线下，要实现客户关系管理，就需要搭建客户关系管理基本功能模块，这些模块主要包括以下三种。

（1）信息收集管理功能模块

信息收集管理功能模块是客户关系管理系统能够正常运营的基础。用户信息管理模块主要沉淀和管理：企业产品基本信息，包括产品的功能特性介绍、价格、使用及维护信息、销售信息等；市场信息，包括市场规模数据、竞争对手信息、同类产品信息等；业务拓展信息，包括销售与市场部门业务团队情况，拜访记录和市场策划记录等。

在落地信息收集管理功能模块时，企业需要构建两个中心的功能：以客户经理为中心及以用户为中心。

首先，以企业客户经理为中心。客户经理是用户的直接联系人及信息交流人，掌握着公司信息和用户的信息。信息收集管理功能模块既要保证客户经理能够清晰地接收公司对业务的明确指示，又要使客户经理能够快速地接收用户传递的信息。通过公司指示和用户情况，客户经理做出与业务相关的决策，并掌握其负责的用户状态变化，挖掘新的业务机会。

其次，以用户为中心。信息收集管理功能模块需规范存储用户本身的基本信息，包括用户个人信息、消费信息、售前售后服务沟通信息和特殊需要信息。在信息收集管理功能模块中，用户档案与用户是对应的，每个用户档案都与对应的客户经理绑定，该用户的有用信息都会被存储在这个账户中。这样才能够让公司针对每个用户分析相关的信息。

信息收集管理功能模块对企业用户留存的具体功能体现在：该功能模块可按照客户经理信息、用户手机号码、用户等级等条件进行筛选，并为客户经理提供用户回访所需信息的查询功能；同时，记录用户回访的结果和所掌握的新信息，客户经理在通过上门拜访、电话回访、短信关怀、微信回访等方式维护已有用户的关系时，模块会记录下回访次数、回访原因、回访时间、回访用户信息、用户满意度、执行结果、下一步工作计划等信息，有助于客户经理复盘改进存量用户的经营工作。

（2）市场营销功能模块

对于用户关系维护系统而言，市场营销是企业能够在恰当的时间，将营销信息向合适的用户群体传递的恰当路径，这些路径包括广告资讯、促销活动、电子邮件、调研问卷等。客户关系管理的市场营销部门日常主要工作是使用该模块来计划、实施和评估各种促销活动。该功能模块针对各类营销活动设计出相应的电脑管理工具，通过对营销活动过程进行标准化、科学化管理，优化活动链接过程，提高整体营销效率，助力企业维护好细分用户群体。

在落地市场营销功能模块时，企业需要以三类用户为中心设计对应的功能，包括：市场营销人员、用户管理人员和系统运营维护人员。

首先，市场营销人员。市场营销人员主要借助市场营销功能模块来制订营销活动计划，明确营销活动的时间节点和结果；确定市场细分，即确定营销活动投放的目标细分市场渠道；定位目标用户群体，即明确某市场投放渠道下能够触达的细分用户群体；执行和监控营销活动投放过程。市场营销功能模块对市场营销人员的管理层及营销人员设置不同的查看管理权限，如市场部经理管理和查看所有促销活动的申请情况，并审批通过活动；而市场营销部的项目负责人只能查看到自己提报的促销活动情况，并在获得批准后用模块去管理后续的活动执行工作。

其次，用户管理人员。用户管理人员能够看到市场活动产生的各类结果指标，如投放覆盖人群数量、报名参与用户数量、参与营销活动的用户构成分析、用户付费分析等数据，帮助用户管理人员评估营销活动结果，筛选更有价值的超级用户，提升超级用户运营的营收转化率。

最后，系统运营维护人员。系统运营维护人员对市场营销功能模块存储的营销活动及参与活动的用户群体相关信息，通过营销带来的付费购买记录等数据进行管理维护，确保这些信息实时更新，并与公司其他的业务系统同步功能整合，保证营销模块中输出的数据结果与其他业务结果保持一致。

（3）项目管理功能模块

企业项目管理的核心是如何合理分配各种有限的资源，以完成项目的最终目标。客户关系管理会帮助项目管理者有效地组织各种项目资源要素，达到推进项目成果落地的目标。

在落地项目管理功能模块时，企业需要实现该模块的 3 个基本功能。

首先，项目基本信息管理。模块能够沉淀项目的基本信息，包括：项目名称、项目开发人、负责人、项目内容、项目合同、项目业绩金额、各利益相关方及其他相关材料等。这些基本信息能够让项目与负责人很好地对应起来，并提高项目经理查询信息的效率。

其次，项目进度管理。项目进度管理模块能够实现：制订项目进度计划、执行计划，更新项目状态与阶段管理，项目回款；同时，监控项目实际进度与计划偏差、回款金额与合同金额偏差、项目团队对项目进度的复盘和改进措施等。

最后，项目成本管理。项目成本管理功能包括：项目需求分析、项目投入资源评估、项目市场分析、成本核算、收益预估和成本控制等。项目管理功能模块能够在时间和团队人员有限的条件下，对项目成本采取科学管控，在确保项目完成的同时，保障企业从项目中获取收益。

虽然企业以客户关系管理为核心，要实现的管理功能模块基本相同，但必须指出，没有哪两家企业的客户关系管理是完全一样的，即使这两家企业是同业竞争者。很多企业重视客户关系管理，但在实际操作中，仅仅是投入重金购买第三方服务商，为企业定制搭建了一个客户关系管理平台，这样无法打造企业留住用户的核心竞争力。客户关系管理数字平台仅为一个用户信息数据记录与采集信息的工具，如何使用该工具整合用户关系相关信息，挖掘出信息价值，才是企业真正实现“以客户关系管理”为核心竞争力的思路。

2.3 赋予用户忠诚度新内涵

用户忠诚度（又叫“用户黏性”）是企业评估用户留存效果的重要指标。通常情况下，企业会以用户复购率及用户满意度来衡量用户忠诚度。如今，客户关系管理在企业实现了用户留存上的价值提升，本书也建议企业将用户忠诚度的内涵进一步延展。

用户忠诚的内涵有两个维度：一个是用户忠诚于企业的意愿；另一个是用户忠诚于企业的行为。用户复购次数及用户满意度是企业容易感知监测的用户留存效果指标，能够直接反映在企业营收利润提升上。但对企业而言，用户忠诚于企业的意愿不会产生直接的营收利润价值。用户忠诚于企业的意愿表现在：用户对企业品牌的认同，更倾向于将企业正向信息传递和分享给周边的人；用户乐于参与企业的生产和经营活动，并对企业向市场推出的新产品与营销举措，提供有参考价值的建议。在超级用户思维导向下，企业需要合理地抓住这批用户，一方面促使用户从“意愿”转为“行动”，对企业营收产生实际贡献；另一方面激励意愿忠诚的用户对企业产生的正影响力。

无论是为了提升这批用户对企业和产品的黏性，还是降低营销成本，提高营销效率，意愿型忠诚用户都应该被纳入企业用户留存考虑范围。

企业要赋予用户忠诚度新内涵，主要是要做好下列三项工作。

（1）建立以用户为导向的文化。员工对用户的经营起到至关重要的作用，企业不仅要培训员工在用户服务工作中的专业性，以及对自身产品服务的深入认识，还要培训员工主动思考如何使各项体制服务更加倾向于用户体验、用户服务的改善，鼓励员工主动提出改善建议，最终形成以用户为中心的企业文化。

（2）满足用户个性化需求。随着用户画像分类越来越细，用户个人偏好和消费习惯可能无法用标准化的用户维护方法去应对。企业要满足用户的个性化要求，首先要做到的是比之前更了解你的用户，利用各类渠道和与用户交流的机会，获取用户的需求动机和偏好，并把获取到的用户信息，融入用户维护的服务中，在满足用户期待的同时，让用户感受到企业服务的专注和个性化，获得心理满足，增强用户忠诚度。

（3）正确面对用户的问题。企业正确面对用户提出的需求与问题，如果这些需求是合理的，用户维护人员就要及时主动地解决问题；如果用户提出的需求不合理，企业也要真诚告知用户不能满足这些需求的客观原因。面对用户提出的问题，以负责、真诚的态度，不回避用户的疑问，不顾左右而言他，会让用户感受到企业服务人员的专业性，提升对公司的认可度。

企业提升用户忠诚度，最终目的是留存用户，进而提高销售收入和利润，可按照下列步骤来提高用户忠诚度。

（1）建立合理的用户细分规则。有效的用户细分是企业提高用户忠诚度的前提。通常情况下，企业会将用户分为 VIP 用户、常规用户、休眠用户和流失用户。需要指出的是，如果企业仅按用户当前营收贡献来区别用户，就比较片面。企业在对存量用户进行划分时，可包括下列几个纬度：目前使用产品线、服务费续签收入、用户公司规模、用户公司发展潜力、用户公司所在领域市场趋势等。

（2）解决用户目前在购买使用产品过程中所存在的满意度问题。企业经过调研分析，总结用户在满意度方面存在的问题，包括：用户对现场服务质量、售后电话响应效率，对产品品牌认可度及其他投诉建议等。

（3）提高用户享受服务的便利性和反馈效率。用户向企业提出问题，是希望企业能够快速给予响应和提出解决方案。企业不仅要回复用户问题，更要提高用户服务的便利性和反馈效率。例如，可以在服务热线中增加用户认证和来电手机识别功能，用户拨打售后热线后可自动识别用户的姓名和购买的产品，并且通过语音报读给用户，以缓解用户通过热线给企业提问题的负面情绪，增加用户对企业服务的好感度。

（4）完善用户回访和接受投诉制度。企业不仅要接受并处理用户提出的问题，更要主动回访用户，倾听用户的意见和投诉。及时了解用户对企业产品服务的反馈，一方面可提升用户参与度；另一方面也可推动用户服务人员提高服务质量。

用户忠诚度受到多方面因素影响，企业要积极找到用户管理和维护服务中存在的不足，主动加以改善，以更好地满足用户需求，增加用户留存率，实现企业与用户的持续共赢。

2.4 避免超级用户思维 3 个误区

误区 1：企业过度关注流失用户的离开原因，而忽略了存量用户的新增需求

很多企业的用户留存重点聚焦在已流失或将要流失的用户身上，给用户留存团队制定的绩效指标也主要侧重在用户唤回率的提高上。团队做的各种用户留存工作的数据分析、策略内容来源所针对的都是流失掉的用户，但对存量用户的新需求却以一种“随遇而安”的态度在应对，甚至在企业用户留存团队工作绩效上都没有充分体现。

用户留存是一个持续的动态过程。留存的用户并不是所有需求都满足了的用户，他们也会出现新的需求，甚至可能提出更高的需求。如果企业不重点分析这些用户的需求，为他们提供服务，这些用户也会产生离开的想法。

误区 2：企业追求一步到位的用户留存手段

企业在追求提高用户留存率的时候，常常想用一步到位的方式来留住用户。最简单直接的方法是撒补贴和发红包，或者增加产品新功能、推出新营销文案、策划新的用户营销活动等，吸引用户回访复购。

但用户流失的原因是，企业产品本身没有解决好用户的需求，如果产品本身不令人满意甚至解决的是一个伪需求，那再好的营销手段也难以留住用户。同时，企业这样激进的用户留存手段，也在一定程度上给竞争者提供了获取用户的机会。竞品企业会在你方实施这些活动的教训中形成优化经验，找到不同的切入点，更好地满足用户在你这里无法满足的需求，从而成功争取到用户。

误区 3：用户满意度上去了，用户留存问题也就解决了

诚然，用户对企业的黏性提高，会让用户满意度增加，但企业只将用户满意度作为用户留存效果评估指标，其实并不完整。

首先，用户满意度的计算数据来源于用户在调查前对产品或服务的认同，但不能反映用户对企业产品和服务的预期要求。如果企业没有考虑用户的复购可能性，那么调查的用户满意度再高，对用户未来留存的效果也没有太大影响。

其次，满意度调查是为了方便企业找到满意度较高的用户，即有留存价值的用户。辨别这批用户之后，用户留存策略才能有针对性，也就是用户留存工作才刚开始。

最后，用户满意度不能准确反映企业的用户留存效果。用户填写满意度调查是当时的结果，但用户留存是企业在与用户发生合作后的一个动态过程，如果企业在刚给用户免费派发补贴和产品之后就测满意度，那么用户满意度肯定是比较高的。但企业要留下真正愿意持续付费、提高企业营收利润的用户，这个满意度调查结果的价值就是有限的。

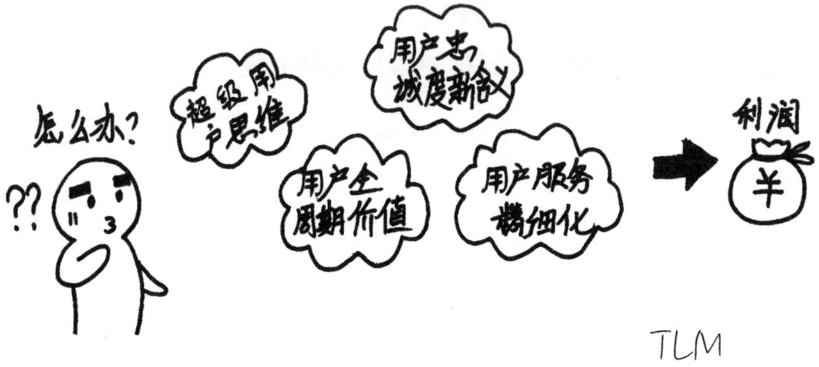

超级用户思维

第3章　提供精细化用户服务

因为获客成本增加，企业越来越重视用户留存，如今更多企业实施了“以用户为中心”的用户运营模式。

“以用户为中心”不代表对所有的用户需求都要满足，而是将有限的资源投入更能产生价值的用户身上，追求精细化用户服务。

要实现用户服务精细化，首先要对现有用户进行细分，根据用户需求、爱好、特性、行为习惯、价值观、情感等因素，结合企业发展战略规划、产品特性与市场环境现状，向不同类别的用户提供差异化的服务，以提高用户对企业品牌产品的认同度，提高用户留存率与价值转化率。

企业落地精细化用户服务，主要包括两方面的工作。首先，用户分级。在用户分级上，企业需要对用户的现有价值及未来营收价值潜力做出评估判断，并确定是否要提供服务。同时，企业也可根据用户发展的生命周期，将其分为流失用户、常规用户及头部用户等。其次，精细化用户服务。企业要留存用户，激发用户持续购买产品的动力，就要长期对各类用户进行跟踪和管理，对不同级别的用户提供适宜的服务，使用户精细化管理真正转化为企业营收利润。

本章根据企业落地精细化用户服务的重点工作，分别探索如何进行用户分级以及如何开展精细化用户服务。

3.1 用户分级方法

用户分级就是企业能够在用户留存资源和用户运营团队人员有限的情况下，根据不同级别用户的不同需求，有的放矢地开展差异化用户运营服务。用户分级运营能够有效提高企业服务用户的效率，进而提高用户对企业的满意度和忠诚度。根据不同级别的用户投放不同内容的产品，更能够引起用户的认同和购买欲望。研究表明，企业对用户分级，也会整体评估用户能给企业带来的终身价值，采用差异化用户服务的企业获得的用户利润要高于采用标准化用户服务的企业。

企业的业务领域、产品、经营模式和发展阶段不同，现有存量用户画像也不同，企业的用户分级内容也会不一样，但通常情况下，企业可综合考虑下列用户特征因素。

消费能力：根据用户单次平均支付金额及一定时间内累计支付金额来对用户进行分类。

消费频率：根据用户在一定时期内的消费次数来划分。

用户背景：根据用户工作情况、职位情况、家庭情况、消费诚信度、成长潜力、对企业和产品的认同度来划分。

用户对企业产品的关注度：根据用户参与企业各类活动的积极性、用户主动传播企业品牌或产品的意愿等方面来划分。

根据上述用户特征元素，可将用户分为头部用户、重要用户和普通用户等，对各级用户的用户画像界定如下。

（1）头部用户

头部用户是公司重点用户。头部用户所处市场容量大，与企业合作筛选条件严格，合作关系稳固，诚信度高，对企业产品的价格不敏感，也乐于尝试新产品，与其他用户相比，竞争力和付费能力更强，并且有良好的发展潜力，甚至帮助企业介绍潜在用户，成为公司营收的重要来源和主要合作者。

（2）重要用户

重要用户是企业产品或服务的定量采购者，但这些用户对价格敏感度比较高，因此忠诚度相对头部用户较低。重要用户为企业创造的价值、利润没有头部用户高。同时，这批用户对企业销售额和利润的提高没有太大作用。

（3）普通用户

普通用户是占企业比重最大的用户群体，但这些用户的购买力、忠诚度、能够带来的营收价值却明显比不上头部用户、重要用户。企业对普通用户不需要采取特别措施，提供标准化维护服务即可。

企业可参考上述各级用户画像，将现有用户分类，并把有限的企业资源分配到现有用户运营过程中，激发不同类别的用户价值。接下来，本书分别列举企业对 C 端用户和 B 端客户分级案例，供借鉴参考。

C 端用户分级举例

某银行根据存量用户特征参数，对现有用户进行分类，并制定了不同的服务策略（见表 3-1）。

表 3-1　某银行用户分类及精细化用户服务策略

类别	钻石级	白金级	水晶级	常规用户
分类用户画像	* 对银行发展战略有重要意义的重点合作用户，如领军企业负责人、知名影响力意见领袖 * 累计存款或金融产品购买前 10%的用户	* 根据银行项目需要阶段性或周期性的战术保障和重点支持的用户，如一定额度贷款的企业家 * 累计存款或金融产品购买前 20%的用户	* 享有部分特色服务的重点用户，如累计存款和购买金融产品达到一定数额的用户	* 在银行发生借记卡开户、存款或金融产品购买行为的用户
精细化用户服务策略	投入 80%的银行用户运营资源，专属高级客服代表，保障用户对银行服务的需求，全面提升用户的服务体验	比水晶级用户更高级别的用户服务响应，专属客服代表，配合项目达成要求，保障重点服务	以相应级别区分存款水晶级别用户与金融产品水晶级别用户，享受优先排队办理业务、特殊消费额度等少数特色服务	享受普通的银行服务，如服务热线普通业务咨询、产品答疑等，投入少量资源正常维护

对C端用户，根据用户类别不同，用户级别越高，将享受到更多专属、定制化的服务内容，这些服务内容有别于其他较低级别的用户。

B端客户分级举例

与C端用户不同，B端客户存在合作金额大、合作决策链长与决策相关方复杂、单次合作周期长等特点。针对B端客户提出的新需求，企业要重新立项争取客户，因此，企业需要借助前期客户合作经验，而非B端客户当下的表现，来为B端客户分级。

某物流港口运营企业对各类运输企业客户分类的参数见表3-2。

表3-2　运输企业客户分类

客户价值分类细分因素	分类方法
月均集港量	集港客户与公司合作的月均集港货运箱数量
预约集港准时到达率	在预约集港时间段内，集港客户进场货运箱与总预约箱量的比例
预约集港实际到达率	船舶出口完工后完成货运箱量与总预约箱量的比例
合作时间	客户与公司合作时间长度
装箱类型	客户所使用集港箱类型，如空箱、重箱、特种箱等
合作航线	客户与公司合作的航线里程、运费等情况
其他业务	客户与公司发生的其他如转运、陆运、仓储等业务
客户满意度	客户对公司提供服务的满意度
客户企业性质	客户是国企、合资企业、外企还是民企
企业影响力	客户企业在片区内的集疏运影响力与口碑
客户市场发展潜力	客户未来与企业合作发展的潜力

企业对B端客户的分级并没有严格的标准，同时，B端客户一般都会有专属客服。

企业可以通过表3-2中的参数对B端客户进行综合分析，对符合企业发展需求、业务拓展领域、营收目标的B端客户，企业可通过提高专属客服数量、服务团队入驻，安排专属客服服务绿色通道、专业服务区域空间的方式，将有限的服务资源投入优质B端客户的运营中。对目前暂无合作但未来发展潜力较大的B端客户，企业可通过持续维护关系、积极建立联系的方式，与这些客户接触并保持联系。

3.2　精细化用户服务策略

在公司发展模式、产品和服务容易被竞争者模仿而替代的市场环境中，精细化用户服务已成为当下公司留住用户的核心策略之一。企业要发展，就需要体现对不同级别的用户服务之间的细微差别，有效运用企业文化、技术专业度、标准化流程控制，来落实各项精细化用户服务工作，为企业发展核心竞争力、留存用户和激发用户持续付费，创造更多的可能性。

对现有用户进行分级是企业精细化用户服务的基础工作，下一步，企业将把精细化用户服务落到实处。企业精细化用户服务，包含两个层面的工作：一是面向用户经营服务的精细化；二是企业内部用户运营管理工作的精细化。具体来说包括下列工作。

（1）用户经营服务精细化

企业提供精细化用户服务，具体来说是将用户管理服务的责任落实到每个部门和相关人员身上，培养人员精细化用户服务的意识；以具体明确的管理职责，约束员工的精细化用户服务行为。用户服务人员需要针对不同级别的用户提供适宜的服务，让用户从产品及服务中获取更多的满足感和实际利益。精细化用户服务人员要经常对跟进的用户表达关注与问候，并站在用户的立场上，不断提高自己的服务质量，以提高用户对服务人员的信任度。

（2）用户运营管理工作精细化

企业要把服务的每个环节拆分到若干细节工作中，对每个细节工作，制定用户服务执行标准，要求用户服务工作流程、工作检验、绩效考核等都要标准化，并通过多次培训、考核和验收机制，促使这些服务机制落实到精细化用户服务人员身上。另外，企业对用户的精细化服务要有科学的计量规则，具体到用户的服务目标、各项工作业绩考核等，都需要有量化的工作指标。

现以一个企业案例来说明企业精细化用户服务的具体操作策略。

某公司主要为用户提供人寿保险服务，是保险行业内的领军企业，公司用户既包括 C 端用户，也包括 B 端客户。企业发展数十年，为了优化现有用户的精细化用户服务，在竞争市场中增强存量优质用户黏性，在做好用户分级之后，开展下列精细化用户服务实践工作。

步骤 1：优化以用户分级为中心的用户信息管理体系

在企业原有业务与服务基础上，根据不同级别的用户画像，复盘用户需求，从用户需求角度对公司原有的保险产品业务、服务体系进行优化，并针对重点用户、优质用户、良好用户及普通用户四个级别梳理原有产品，明确业务部门与用户运营部门职责，强调不同部门之间的协同关系，从而为新推出的精细化用户服务体系提供了实施保障。

步骤 2：合理调整精细化用户服务组织架构

公司在集团总部层面，建立一个叫“客户关系部”的统筹用户运营管理、用户服务与市场营销的综合管理部门，确保用户管理工作的标准化。

对于原有的参与用户管理和运营的部门而言，这个部门更像是一个统筹协调的管理部门，可以直接汇报给集团高层，并传达集团高层的用户发展战略。同时，该部门通过对分级用户精细化需求分析，研发出各种符合用户要求的专业化服务，并制定好用户服务的目标，落实到实际操作部门。各营业部设置相应的用户服务中心，负责这些精细化服务的具体实施，并及时反馈实施效果，进一步优化精细化用户服务的效果。

步骤 3：提升公司精细化用户服务业务水平与决策流程规范性

结合精细化用户服务需求，对持续优化的用户服务流程进行重新梳理，制定标准化服务规范流程。线上结合客户关系管理平台，将用户服务与产品研发设计等环节有机结合；线下根据不同级别的用户需求，对其提供附加服务、信息资讯、活动组织等个性化服务。

步骤 4：发展企业与用户之间的互助合作文化，将用户留存转化为实际收益

随着企业精细化用户服务的推进，用户对企业品牌与产品的认可度与黏性增强。企业进一步寻求存量用户中积极反馈和支持企业的优质用户，邀请他们参与新的保险服务产品的体验，并收集他们的产品体验意见，将这些用户从服务接受者转变为企业业务协同推进者；同时，这些用户在体验新服务的过程中，会购买新的保险服务，或推荐他们周边的熟人购买，从而将用户留存转化为企业的实际收益。

3.3　避免精细化用户服务 3 个误区

误区 1：精细化用户服务就是将服务体验细分到极致

企业设计用户服务，必然要考虑服务带来的用户体验，但企业要避免陷入追求体验设计细分到极致的误区。用户服务的核心还是企业用户留存及用户价值持续转化，首先要通过服务解决用户合作中的问题，其次要提升用户的复购意愿。

对于企业而言，精细化服务设计是要快速而低成本地达成这两个目的，而不是让用户沉浸在服务体验当中。服务体验细分到极致，会增加企业运营成本，因此企业要有的放矢地、降本增效地服务用户，提高用户留存率与复购率。

误区 2：精细化用户服务适合大公司，中小成长型企业不需要增加这部分运营成本投入

持续付费用户是各类型企业的优质资产，不管这些企业处于什么行业领域，没有哪家企业不需要与存量用户建立高效合作关系的，而精细化用户服务能够实现这种合作关系的搭建与用户价值的转化。

一些成长期的企业用户量飞速增长，看起来增量用户较多，没有必要对存量用户进行精细化维护，但实际上，企业实现精细化用户服务的过程，也是为企业用户增长容量到达上限之后，如何持续实现存量用户价值转化做准备。如果过了用户快速增长期，接近用户容量天花板，用户增长减缓，企业才开始维护存量用户，就已经错过了用户与企业建立稳定合作关系的“蜜月期”，存量用户也更容易被竞品企业抢走。

误区3：产品功能齐全与先进就是满足精细化用户服务

有的企业把产品功能、配件、包装、安装指南及质量“三包”等作为精细化用户服务的着眼点，通过不同价位的产品来实现精细化用户服务。但在用户看来，与产品配套的这些内容都是产品的构成部分，是支付了费用的，理所应当享有，因此用户会认为企业没有其他服务。这不利于企业留住用户。

事实上，这些内容是产品正常运作的质量保证。服务应有别于此，不仅是企业向用户进行的一种利益转让，更是为留住用户而提供的情感上的投资行为。

精细化用户服务

第 4 章　搭建用户社群

4.1　用户为何加入社群

随着移动互联网和社交媒体的发展普及，社群打破了时空限制，人们在寻求解决各类需求的过程中，聚合成不同社群。

近年来，企业线上线下获客成本增加，用户对企业产品与服务的需求日益多元化，让企业意识到存量用户的价值越来越重要。将有共同需求的用户分成若干社群来统一维护，提供各类附加服务，增强用户对企业产品的认可度，实现持续付费转化，逐渐成为企业降本增效的经营策略之一。

不管线上还是线下社群，基于满足用户需求维度，主要包含三大功能：满足用户共同爱好、情感依赖与满足用户现实利益。满足用户共同爱好的社群，如体育爱好长跑群、音乐群、观影群，在这些群里用户因为共同爱好产生共同话题。从情感依赖角度，如病友互相打气群、宝妈群、情感创伤等社群，用户在情感上拥有感同身受的共同经历，在这些群里群友能够产生信任连接，成为社群持续活跃的基础。在满足用户现实利益社群里，用户主要寻求商业或非商业利益，如各类电商平台福利券分享群、考研教培群、商业经营管理分享群等。

企业针对用户痛点组织上述三类社群，也主要是基于用户留存的核心利益，实现 3 个主要运营功能：组建社交、传播品牌及交易转化。

组建社交是企业有意让用户线上线下聚集，产生社交行为，主要满足用户的共同爱好与情感依赖的需求。社交群发展下去，也能衍生出品牌传播与合作交易达成的潜在商业价值，如品牌手机粉丝交流研讨论坛，通过用户社交产生信任关系，进而产生合作。

在传播企业品牌功能上，比起公众营销投放，社群更能够满足用户共同爱好、情感依赖及现实利益需求，如某快消品牌发起的优质用户“品牌代言大使”群，让企业通过更有针对性、个性化及精准度的途径，对用户传播企业品牌价值。用户也可以在对品牌有共同认知感的群体中，与企业产生品牌营销互动，助力企业品牌更有活力地传播。

在交易转化上，企业可以通过社群投放产生商业交易价值的内容，满足用户各类现实利益需求，如售前售后服务、会员附加服务、新品推荐认购、用户福利优惠等；也可以通过社群成员的成长需求，提供教育培训、线上线下沙龙、大咖主题演讲、商业诊断等增加用户黏性的附加商业服务，最终让用户持续认可企业，实现用户留存。

4.2 用户社群策略实践

企业如何搭建起一个有效的用户社群？本书将以一个实际案例来为读者分析企业搭建有效用户社群的 6 个步骤。需要指出的是，企业社群并非仅存在于线上，事实上，互联网是提高企业社群运营效率的一个途径，但这并不代表社群运营的全部内容，企业还应该考虑用户在现实生活中的线下社群需求，开展对应的社群运营活动。

步骤 1：结合企业特性，明确建立用户社群的目的与个性化功能

某休闲地产企业将一个普通的旅游地产开发项目发展为国内知名的休闲度假地产品牌，离不开企业完善的用户社群运营策略。企业开发的旅游地产项目前身为旅游城市沿海待开发绿地，存在区位距离主城较远、交通不便等不利条件，企业以打造私密高端度假社区为核心定位，满足中高产阶层在景色优美、私密性好、社交圈接近等方面的情感需求，巧妙地利用旅游地产项目搭建了一个线下社群——地产品牌社区。

业主在购买房屋的时候就自动加入了这个品牌的线下社区。社区进行封闭式管理，内部提供各类高品质生活与休闲设施：满足基本生活保障的食堂、餐厅与商超等；高品质休闲空间，如生活馆、花艺馆、咖啡店、酒吧等；体育运动设施，如高尔夫球场、马场、足球场、篮球场等；亲子设施，如儿童空间、亲子乐园；打卡网红设施，如图书馆、海上礼堂等。业主持有专卡进出社区，实现内部商家消费，享受各类 VIP 服务与优惠价格；而外部进入社区参观旅游的人员门槛较高，进入社区后在商品、服务上的体验与社区业主有一定差距。这个对比更能体现出社区业主独特的身份，满足了业主置业后的精神需求，增强了业主对地产品牌的情感依赖。

每家企业的产品都有自己的特点，这家旅游地产企业的特点是打造高端品牌，私密性好。在项目开业初期，针对社区外交通不便、区位较远的问题，最好的对策是让用户不出社区就能满足一切生活与精神需求，于是开发商针对自身特点，将这个地产项目包装成为高端私密的旅游地产社区，在社区内实现自给自足，从而形成了品牌效应，提高了用户留存率，形成口碑传播。

步骤 2：明确社群建设渠道及社群角色组成

随着地产项目的发展，地产企业借助飞速发展的互联网，开始将社群成员的交流拓展到线上。从 2014 年起，该地产项目在线上建立了各类社群，满足社群成员的即时沟通需求。起初线上社群的目标是解决业主交房时的各类问题，业主入住社区后，社群就变成了业主的线上社交场所。

随后，企业针对细分用户的需求和爱好组建了众多分支群，主要包括社区事务群与兴趣爱好群。其中，兴趣爱好群达百余个，既包括跑步、摄影、时尚、音乐、电影、话剧等大众爱好，也包括生态农庄、爱马仕、家居装饰等垂直小众爱好，满足了用户的社交需求。

社群成员主要是地产项目的业主，符合该地产项目的主要用户画像特征：北京人，35~45岁，是各领域的精英，属于中高产阶层。同时，社群还设置了管理员持续维护各社群的活跃度，并定期邀请专业人士线下线上开展沙龙，提升社群运营内容品质。

对于用户来说，物质生活已经实现富足，对精神生活的需求便摆到了重点位置。该项目线下实体社区与线上各类兴趣爱好社群有机结合，正好满足了用户的精神需求。

步骤3：将社群运营升华为社群文化

在线上线下社群活动中，企业最大限度地满足业主的社交与精神需求，从中也体现出企业的核心价值观。在社群活动中，企业将"人生可以更美"的价值观逐渐传递给社群内的业主。这些价值观主要体现在"有品质的质朴，有节制的丰盛"的社区生活主张、人与自然和谐共生的审美观、从压力繁重的都市生活回归内心的精神追求等方面。

同时，由于社群为用户提供了社交机会，社群成员之间维持着和谐友好的邻里关系。各类活动加深了人们的沟通交流，并且随着活动持续开展，社群变得更加有温度，人与人的和谐相处也满足了业主的精神需求。

在社群制度建立上，企业发动社群成员共同商讨业主公约，既规范了用户的社群行为，也让社群成员的活动更有组织性，确保社群健康发展。

步骤4：社群商业变现

该项目成为网红旅游地产项目，离不开社群成员的口碑推荐和品牌宣传。社群内部用户在社交圈中推荐自己置业的项目，邀请亲朋好友来参与社群活动，也助推了企业品牌和价值观的传播，无形中帮助项目获取了新的潜在用户。

上述企业社群搭建案例，主要是针对C端用户，那么B端企业客户是否也需要搭建社群呢？其实，B 端客户在与企业达成合作方面，业务链长、相关决策者多、决策周期长，并且企业服务的 B 端客户有可能彼此是竞争对手，从这个角度来说，企业没有必要组织 B 端用户社群。

从满足 B 端客户的服务属性、培训与社交活动需求方面而言，基于单次活动搭建的用户服务群要发展成为长期维护的社群，是否能够产生再转化，并不好评判。比起把各类 B 端客户负责人拉进一个社群，针对一个 B 端客户搭建独立维护群更能产生价值，因此在搭建 B 端客户企业社群上，建议要更加谨慎评估投入成本与社群运营的必要性。

4.3　用户社群商业价值评估

企业组建用户社群，最终目的还是在于存量用户的商业价值转化。企业做好用户社群的商业价值评估，能够为用户留存与商业价值转化效率提供保障，也能够使企业避免无效成本的投入。

影响用户社群商业价值的维度主要包括社群属性、社群信息内容及社群用户画像，因此企业可以从这三个维度出发，设计不同指标，评估用户社群的商业价值。

维度一：社群属性

社群属性是社群特点，可以从下列指标评估社群价值。

（1）社群建立时间。社群建立时间长，对内能够积累更多忠实用户，对外也具有吸引更多新用户的潜力。社群商业价值与社群内的忠实用户数量成正比。

（2）社群界面设计。企业社群的界面设计包括社群 Logo、企业品牌植入、社群介绍、产品服务展现等指标。社群界面设计如同人的服饰，能够体现企业的气质。

（3）社群内推送有效消息数量。社群内推送消息的数量能够反映社群的活跃度，这里的消息不包括恶意灌水、重复跟帖与分发广告等无效内容。对社群活跃度更有价值的信息，是在企业带动下，其社群内成员主动提供的有价值的资讯内容，活跃度也足够能让用户感受到社群的价值。

（4）社群内优质用户的数量。社群内优质用户指的是企业头部用户或潜力用户、主动在社群内外传播企业品牌的用户、积极参与社群线上线下活动的用户等。社群内优质用户的存在容易提升社群活跃度，优质用户本身也是社群商业价值转化的重要来源。

维度二：社群信息内容

社群内发布的信息内容能够体现企业的用户社群运营目标，包括下列指标。

（1）社群内容与社群定位的相关度。如果企业是为了宣传产品而搭建的用户社群，内部发布的信息最好围绕企业产品、促销、服务、活动、售后等信息展开，其他的娱乐信息、生活信息、鸡汤文学甚至诱导引流信息不应该出现在该社群中。

（2）社群内容传播形式的丰富程度。社群信息传播不是单一文字表述，还包括图片、音频、视频在内的其他媒体形式，图文结合方式是社群信息传播的常见形式。社群内部的信息传播形式是否丰富，也是评估社群价值的一个指标。

（3）社群互动内容情况。活跃的社群内部用户能够积极交流，企业与用户之间的互动信息就会多，活跃的社群氛围更易于传播企业品牌价值，也能够让用户达成共识。

（4）社群信息转化情况。社群信息转化包括用户是否将信息主动传播到群外，如点赞发送至别的群或朋友圈；基于社群信息产生的购买行为，这是社群商业价值最直接的体现；邀请潜在用户进入社群，主动为构建社群组织提供自身力量等。

维度三：社群用户画像

企业搭建社群是为了更好地维护存量用户，这是一个动态过程，要持续对群内用户画像进行评估，判断本社群的用户留存价值。社群用户画像包括下列指标。

（1）用户购买力情况。在以商业价值转化为最终目的的社群内，内部成员对企业产品的购买力是用户持续购买的基础。社群内具有企业产品购买力的用户越多，社群价值也就越高。

（2）用户黏性。用户黏性可以从用户发言的积极性、用户对社群消息的浏览数量、用户对社群线上线下活动的参与度及用户对社群内开展的调查反馈支持度来评估。用户对企业品牌的黏性越高，越有可能产生商业价值转化。

（3）用户意见领袖。社群里是否有主动制造话题、分享资讯、提供观点的意见领袖也是评估社群价值的重要指标。企业在用户社群里的行动和发布的内容，可能是企业的一家之言，如果群里还存在至少 1 位意见领袖主动传递信息价值，造成一定的影响力，也能够促进社群活跃度，并提升用户对本群的黏性。

企业可以通过上述指标，对用户社群进行定性描述或定量评分的评估。此外，建议企业对社群商业价值的评估要持续定期进行，这样才能保证对社群价值的动态把握，评估结果也能为社群运营效果提供重要参考，确保社群商业价值转化的有效性。

4.4　避免用户社群维护 3 个误区

误区 1：做社群就是做用户微信群的运营

微信群是性价比高、覆盖面广的社群运营工具，很多企业认为只要建了用户服务微信群，就完成了搭建社群的工作，殊不知这只是开始。社群是企业持续提供用户服务的平台，企业在平台上要提供更深层的与个性化的用户服务。社群是企业的销售渠道，而不是闲聊消磨时间的平台。通过社群营销，企业不必花费高昂的费用就能达到宣传效果，企业从原来的在平台发布广告转为向社群提供服务，帮助用户，提供用户感兴趣的产品，满足用户的共性需求，从而获取用户信任，提高用户留存率。

企业要明确建立微信群的目的、引导用户进群的流程、微信群的奖励机制，清楚企业能够在微信群里提供什么样的服务，又如何持续提供服务。如果没有这些考虑，客服每天在微信群里发新闻，向用户问好，或者聊一些娱乐话题，对用户留存就起不到任何帮助作用，微信群也很快就会变成沉默群。

误区2：只要加入社群的用户有共同话题需求与爱好，社群就会活跃起来

企业建完社群，邀请用户加入，就认为用户会自发开始讨论、交流、生产有价值的内容，从而使用户社群焕发生机，其实不然，大部分用户社群都沦为了沉默群，失去用户留存功能。

原因很简单。首先，企业过高估计了入群用户的活跃度，大部分用户都习惯了被动获取信息、知识，更何况群里成员都有本职工作，而且每个人还加入了多个微信群，无暇顾及每个群的信息；其次，通常情况下，大家都不愿意争做群里第一发言和共享信息的人，主动在社群内分享获取认可的，总是少数；最后，大多数人加入一个社群，其实并不知道这个社群是干什么的，规则是怎样的，大都是出于好奇，或被某些意见领袖、群功能吸引而加入的。

企业需要不断在社群中宣传、强化自己的产品信息，让成员知道这个社群能够提供什么，对他们的业务提升有什么价值，需要满足什么需求才可以得到社群相应的激励和回报。

误区3：现在网络发达，社群运营线上就可以搞定

线上社群在一定程度上打破了不同地域的限制，让来自各地的社群成员能够通过线上交流沟通。因此，企业认为社群在线上就能维护好，从来没想过或者舍不得花钱做线下社群活动。因为一次线下社群运营活动，比线上活动准备的周期长、考虑因素多、通知成本高、投入费用高。但企业运营用户社群，需要考虑组织一些线下社群活动。

一场成功的线下社群活动，不仅是充分展示企业品牌的机会，更是加深用户对企业认同的机会，而且能提升社群的用户留存价值和扩大企业影响力，让社群成员有参与感、组织感、荣誉感，持续提升社群成员的信任感、忠诚度。

搭建用户社群

第 5 章　激发用户口碑传播

5.1　为何需要用户口碑传播

在这个广告资讯爆炸的年代，企业的产品与服务“酒香也怕巷子深”。市场竞争激烈，获客成本增加，而相比其他营销方式，通过存量用户口碑传播更能够降低企业营销成本，提升品牌可信度，促进营销效果转化。伴随着社交网络时代的到来，以被动接受为主要途径的传统营销方式对受众产生的影响力越来越有限，借助用户主动口碑传播的方式效果显现，受到越来越多企业的关注。

市场调研机构尼尔森报告指出，在用户发生购买行为的原因中，来自用户的亲朋好友所推荐的产品获得的信任度最高，达到 92%。相比于电视和杂志上的广告、编辑推荐，用户对来自朋友推荐的产品与服务，在认可度上明显提升，以至于平均付费购买转化率提高 50%。

在产品和信息不对称的情况下，用户购买决策与行为在一定程度上依赖周围使用过该产品的人提供的信息，这样能够降低潜在购买风险。另外，如果存量用户对于企业产品或服务的评价是正面的，他们也会积极向其他人分享推荐，帮助企业发掘潜在消费者，促进潜在用户购买，同时增强自身对企业品牌的认同。随着口碑不断传播，存量用户也会强化对产品的认识，转化为忠实用户，助力企业品牌传播，甚至主动维护企业品牌形象，自身也会持续购买，从而形成用户价值转化的良性循环。

5.2　用户口碑传播5大要素

企业要想实现用户口碑传播，可以从5个要素着手规划用户口碑传播策略，这5个要素分别为传播者、信息内容、传播媒介、信息受众及传播环境。企业要形成一个完整的用户口碑传播过程，5个要素缺一不可。

要素一：传播者

在用户口碑传播过程中，通常会出现3种角色的用户，分别是意见领袖、意见搜索人及意见运作者。

意见领袖是在人际传播中有较高活跃度，对于某个专业领域有独特见解和深度研究的人。充当意见领袖的用户能够对其他人的消费决策产生直接或间接的影响。

意见搜索人会主动收集自己感兴趣的资讯，也包括收集意见领袖发出的独特观点信息，并将信息传递给有需求的受众。

意见运作者是为了实现某种明确传播目的，策划传播主题，甚至寻找、包装意见领袖的人。他们不生产口碑传播内容，却对口碑传播信息有着关键的助推作用。

要素二：信息内容

虽然企业希望激发用户的口碑传播，但用户传播的信息不一定是正面的。正面内容对企业用户留存、消费转化和品牌传播都有好处，负面资讯则会起到反作用。例如，知名的美联航“吉他事件”。2008年，加拿大歌手Dave Carroll乘坐美联航的客机时，托运了他演唱时使用的名贵吉他，结果美联航行李托运人员将吉他损坏了，歌手辗转各部门要求赔偿3500美元的吉他未果，无奈编写了一首歌曲放到主流社交视频网站上，歌曲引起了广大网友共鸣，短短几天超过400万人观看，造成了美联航的公关灾难，一周内公司股价暴跌10%。

要素三：传播媒介

口碑传播需要借助媒介，企业通过大众传播媒介向用户传递企业品牌信息，而口碑传播则会激发用户通过自身人际传播媒介来扩散传播内容。大众传播媒介虽然覆盖面广，但其被动传播的方式在受众群体中不容易形成共鸣；口碑传播从传播者自身经历与感受出发，能够较好地引起用户共鸣，从而对用户留存与价值转化产生良好的助推作用。

要素四：传播受众

传播受众是企业品牌口碑的接受者，包括用户及潜在用户。企业通过用户口碑传播，希望影响传播受众对企业品牌、产品和服务的态度，助推口碑信息传播或产生购买决策。

要素五：传播环境

传播环境是口碑传播的外部环境，包括国家政策、经济环境与社会活动对传播内容的影响等。虽然口碑传播是以用户人际传播为主，但外部环境也对其传播效果有影响。例如，近年来，国家对网络知识产品版权保护的各项政策规定，使得全国数字音乐市场侵权现象减少，从而助推了正版数字音乐的口碑传播。

5.3 用户口碑传播策略实践

下面我分别以一个线上与线下的项目案例，来说明企业要落实用户口碑传播实践的主要步骤。

步骤1：明确企业产品服务的定位与功能

某线上正版音乐社交平台从2013年问世开始，就与传统的音乐软件播放器的定位不同，它把自己定位为用户进行音乐社交行为的音乐社区。为了实现这个定位，该平台在定制化音乐内容、吸引用户评论与精细化音乐推送等方面的社交功能比较突出。因此，平台应用将口碑传播用户定位为喜欢对音乐进行分享、评论等社交行为的青少年用户。

某酒店在开展口碑营销之前，对目标用户进行了梳理，酒店用户主要来源于两类：一类是以单位年会、部门会议、团拜会、产品推荐发布会为主要工作内容的企业商务会议包场用户；另一类是有较高收入的散客与公费出差的商务人士。进一步比较发现，用户来源中商务人士比较多，散客比较少。酒店的口碑传播目标就定位为商务用户。

步骤 2：根据口碑传播用户设计传播界面和传播内容

音乐社交平台应用的图标延续了公司整体风格，并将应用播放界面的主符号设计成黑胶唱片的形式，播放音乐时，音乐专辑封面会转动起来，仿佛电子黑胶唱片机。这些设计既体现出音乐属性，又呼应了音乐社交平台的文化气质。

在功能设计上，为了促进用户主动分享和传播口碑内容，音乐社交平台为用户打造了个性化歌单功能，并鼓励用户分享和传播自己的歌单给更多的用户。音乐评论区根据音乐评论点赞数，分为精彩评论和最新评论两个板块，点赞数越高越有可能收录在置顶的精彩评论区，被更多人阅读和点赞。应用还设置了歌词海报分享模板功能，让用户随时可以将引起共鸣的歌词一键生成海报，分享到其他社交媒体，以吸引更多潜在用户关注，也增强了存量用户的黏性。

对酒店项目来说，线上营销是一个成本低、覆盖面广的口碑传播渠道。酒店不仅组建了网络口碑营销团队，持续策划一系列针对商务用户的口碑传播文案、软广告、短视频等，还邀请部分用户在自己的人际社交媒体和朋友圈中晒出在酒店入住与参加会议的感受，以优质评论返券甚至免单的奖励来吸引用户提供更多的优质口碑传播内容。此外，酒店也不定期邀请职场、心理、文化、咨询等与商务相关的各行业中比较有影响力的专家来组织线下或线上沙龙，邀请酒店入住的商务用户参加，提高用户对酒店品牌的认同度，也推动这些用户主动宣传自己的亲身经历，形成口碑传播。

步骤3：针对用户提升产品服务的各类附加功能，持久助推用户口碑传播

音乐社交平台应用除了满足用户对音乐社交的需求之外，还为用户提供更多人性化的服务，进一步满足用户个性化需求。例如，增加了私人FM、主播电台、短视频、直播等功能，各种特色功能也助力用户的主动口碑传播行为。

在传播内容上，音乐社交平台通过与不同类型、不同领域的品牌进行跨界合作，将音乐内容、音乐社交互动、游戏与合作品牌相结合，推出各类跨界合作的音乐周边产品，甚至策划时装周联名款和线下音乐体验区品牌活动，提升用户的音乐体验，进一步激发用户主动进行品牌传播。

酒店项目加强与周边的书店、咖啡店、餐厅、旅行社及信息服务应用合作，为以商务用户为主的联名福利会员，提供更多附加的酒店体验。同时，酒店主动对入住用户开展有奖调查，倾听住客的心声，提高用户对酒店品牌认可度，也让住客更加主动地传播酒店品牌口碑。

5.4 避免用户口碑传播3个误区

误区1：企业对产品的包装到位，用足优惠券、补贴或返钱等手段，用户就会主动开展口碑传播

良好的口碑形成的前提是企业优良的产品质量与用户使用体验。

如今用户获取有效信息的来源更丰富，很容易了解企业的真实情况，如果企业只对产品做表面包装或进行诱导性口碑营销，用户也不会买账。

此外，商家在用补贴、返券等优惠手段激励用户进行口碑传播的时候，要确保产品口碑的传播特性，而优惠手段只是助推了该传播行为。否则，用户只可能为物质奖励而来，达不到企业预期的传播效果。如果奖励减少或取消，用户反而会容易流失。

误区 2：邀请用户口碑传播，却忽略了用户对品牌的认知

在口碑传播的过程中，企业不断告知用户自己的产品定位，但用户在体验产品后却对其有另外一种定位，导致企业与用户在口碑传播过程中产品定位不一致，最终没有实现用户口碑传播的效果，存量用户也因企业不断否定他们的真实感受而选择离开。

例如，某企业宣传其企业赋能平台产品，告知用户自己的平台能够提供企业增长解决方案，但用户在使用过程中，却认为平台主要是解决了用户的信息记录调用库功能，企业增长效果不明显。用户在口碑传播过程中就会对平台助力企业增长效果功能存疑，潜意识拒绝为其传播。

误区 3：企业忽略了传播受众的体验

企业邀请存量用户做口碑传播，这些用户对企业产品已经有一些认知和体验，但传播受众有可能是完全没有听说过这个产品的陌生人。企业如果没有充分考虑传播受众的接受度，强行助推，就会出现存量用户积极传播，新受众反馈甚少的局面。如果新受众与存量用户认识，甚至将自己的负面感受反馈给现有用户，就会造成不利影响。

例如，某企业邀请用户将纳新优惠活动分享给朋友，却让陌生受众转发、注册、分享朋友圈，还输入身份信息，在新受众对企业产品没有丝毫了解的前提下，这些操作让新受众觉得费时费力，还有信息安全问题，导致受众反馈效果不佳，还劝阻了进行口碑传播的存量用户，产生了负面效果。因此，企业在邀请用户做口碑传播的时候，一定要充分考虑传播受众对产品的了解情况，传播内容要让陌生受众容易接受并反馈。

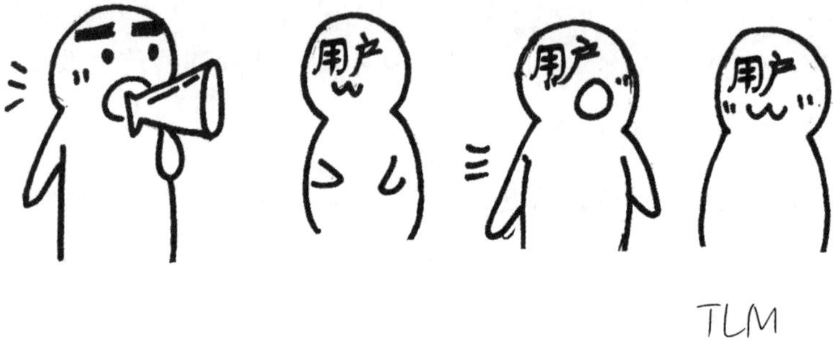

形成用户口碑传播

第 6 章　经营头部用户

6.1　如何识别头部用户

头部用户是指那些对企业品牌或产品参与度高的用户。对企业品牌新活动与产品新升级，头部用户有着浓厚的兴趣与极高的参与意愿。

大众已普遍认同头部用户对企业营收产生的贡献。我们都听说过帕累托原理，即常说的 80/20 法则：20%的用户贡献了 80%的企业产品销售额。法则中提到的 20%的用户就是头部用户。实际市场数据也印证了头部用户的贡献力，尼尔森对超市包装消费品前 124 个类别消费情况进行了调研，发现每类商品销售额中占比仅有 10%的超级用户贡献了 30%~70%，甚至更高的销售额。

除了从购买量来区分企业头部用户之外，如今的企业还应从购买态度来定义头部用户。头部用户不仅是对企业产品采购量最多的用户，还包括下列 3 种用户。

➢ 对企业产品有深刻了解与认同，还能为企业创新产品出谋划策的用户。

➢ 虽然单次购买量不大，但坚持长期购买的忠实用户。

➢ 对企业未来发展有明显战略意义的用户，能够主动而持续地传播企业产品的用户。

上述用户通常具备下列 4 个特点。

➢ 对产品质量要求高，并追求交易量增长和产品性价比最大化。

➢ 注重产品的使用体验。

➢ 关注企业品牌的长期发展，对企业产品有依赖性与认可度。

➢ 期望自身购买的产品来自行业引领者或行业标杆企业。

6.2 头部用户价值评估

我建议企业从用户当前价值和用户潜在价值两个维度来对头部用户的价值进行评估。用户的当前价值反映的是用户对企业当前营收与利润的影响，而用户潜在价值反映的是用户对企业未来发展与收益的影响。

用户当前价值可以从用户购买价值与服务成本两个维度来评估；而用户的潜在价值可以从用户自身价值、用户成长价值及用户忠诚度三个维度来评估。企业可参见表 6-1，设计相应指标来评估头部用户对自身的贡献价值。

表 6-1 头部用户价值评估

评估目标	头部用户评估维度	头部用户评估指标
用户当前价值	用户购买价值	用户年度累计购买额
		用户购买产品服务种类
		用户单次采购额
	用户服务成本	技术成本占总成本比例
		运营成本占总成本比例
		售后成本占总成本比例
		存库物流成本占总成本比例
用户潜在价值	用户自身价值	用户口碑
		用户信息价值
	用户成长价值	用户交易模式变化
		用户增长潜力
		用户新商业机会
	用户忠诚度	用户复购意愿
		用户合作满意度
		用户合作周期

对于上述指标体系分别解释如下。

（1）用户购买价值

头部用户一般能够给企业带来较大的用户购买价值，具体体现在用户年度累计购买额较高、购买产品及服务种类较多，以及用户虽然购买频次不高，但单次购买额比较大。

（2）用户服务成本

有时虽然用户会发生较大的合同金额，但如果签约和运营成本很高，就会降低用户为企业带来的利润，这类用户也不能归为头部用户。因此，用户服务成本是企业评估头部用户必须要考虑的一个维度。用户服务成本从 4 个比例指标来评估比较合适：技术成本占总成本比例、运营成本占总成本比例、售后成本占总成本比例及库存物流成本占总成本比例。

（3）用户自身价值

在合作中，用户自身价值能够促进供方企业的业务发展，为供方企业创造的成功案例与品牌影响力价值。企业评估用户自身价值可以从下列指标来衡量：用户口碑与用户信息价值。用户口碑好，对企业产生的价值就高；同时，企业与用户合作时，用户反馈的各类信息，如产品使用心得、改善建议等，对企业也是一种资源。

（4）用户成长价值

头部用户的需求也处在一个动态变化过程中，故企业需要跟踪洞察头部用户的需求痛点发生了哪些变化，并基于这些变化，评估调整优质用户的用户成长价值。企业可从下列指标来衡量用户成长价值：用户交易模式变化，即用户的消费模式变化，如 C 端用户的一级付费会员升级为二级付费会员，B 端客户的季度平台服务租用升级为年度租用合作等；用户自身企业的增长潜力；用户新商业机会，即头部用户对企业其他产品产生购买需求等。

（5）用户忠诚度

头部用户的黏性是企业持续发展和营收的保障，因此，用户忠诚度也是一个重要评估维度。企业可以从用户复购意愿、用户合作满意度及用户合作周期 3 个指标来评估用户忠诚度。

企业在评估用户价值时，可以按照用户价值评估矩阵来权衡用户当前价值及用户潜在价值之间的关系（如图 6-1 所示）。

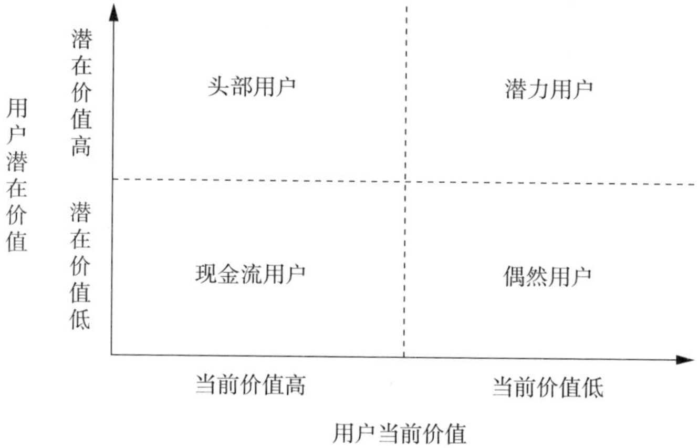

图 6-1　用户价值评估矩阵

对于当前价值与潜在价值均较高的用户，企业可将其归为产生主要贡献的头部用户。对当前价值不明显，但潜在价值高的潜力用户，企业可以留存这部分用户，并积极挖掘用户的潜在价值。对当前价值高但潜在价值低的现金流用户，企业不能忽略其对企业生存发展的重要意义，但对用户长期合作的意愿及长期产生的价值，企业可以适度评估，不需要做过度期待。对于当前价值低且潜在价值也低的用户，企业应以“得之我幸”的态度对待。

要提醒企业注意的是，用户价值评估是一个动态过程，因为企业在上述用户价值评估矩阵中的位置可能会发生改变。C 端用户，可能会因个人生活与工作情况变化，对产品的需求增加，对企业的价值贡献会快速提升；而对 B 端客户，新创企业在获得了融资或被领军企业并购之后，快速成长为头部用户的情况也时有发生。因此，建议企业在持续跟进头部用户的同时，也要定期洞察潜力用户与现金流用户的发展情况，抓住用户留存机遇。

6.3　头部用户留存策略实践

企业对 C 端用户与 B 端客户价值的评估维度不同，用户留存策略也应有所差异。

C 端头部用户留存

对企业而言，C 端头部用户是购买量大、购买频次高或持续购买的优质用户，其消费特性是以用户对品牌产品的认可、情感依赖与生活习惯为前提的，故企业对于 C 端头部用户的留存策略，可围绕 C 端用户个人的喜好与痛点展开，深挖 C 端用户付费购买的动力。

具体来说，企业可以通过下列 4 个步骤来留存 C 端头部用户。

（1）明确头部用户画像

从积累的用户消费行为数据中筛选出用户池，找到符合头部用户特征，如购买力强、持续购买、对品牌认可度高的用户。同时，研究头部用户的消费行为及背后存在的痛点。

（2）细分头部用户对应服务

确定头部用户后，从用户对销售规模、企业销量和利润的贡献中，再进一步细分这些头部用户类别，设计对于头部用户的维护策略，包括特色服务、增值产品及专属客服等。

（3）设计多样化附加服务

企业将头部用户数据变成一种资产，用用户数据同其他公司联合设计附加服务，或为头部用户争取更多、更好的附加服务。同时，企业为头部用户提供定制化的增值服务权益，以提升头部用户的留存意愿。

（4）动态迭代跟进头部用户群体

企业需定期回顾头部用户的筛选条件及头部用户画像，确保企业对头部用户的界定，符合企业所在行业、市场及企业战略发展需要。企业评估为头部用户提供的权益成本与获取收益匹配情况，在不影响头部用户消费体验的前提下，适当调整提供给头部用户的各项增值权益。

我以亚马逊 Prime 会员为例，来说明上述 C 端头部用户留存策略如何实践落地。

截至 2020 年，全球有超过 1 亿个亚马逊 Prime 会员，平均每位会员花费超过 1000 美元。亚马逊美国市场调研表明，有超过 9500 万个美国人声称拥有 Prime 会员资格，约占亚马逊会员总数近 2/3。Prime 会员形成了公司核心竞争力，据称 Prime 会员续费率达到 90%。亚马逊是如何留存这批头部会员的呢?

2005 年，亚马逊在推出 Prime 会员服务时发现，美国的快递网络并不成熟，并且美国地广人稀，很多亚马逊购物用户是分散在距离城区很远的村镇中。亚马逊利用自身建立起的快递网络，为 Prime 会员提供了一个核心服务：快递免费、48 小时内送达，并且免费退换货。

亚马逊抓住了用户的这个普遍的需求痛点之后，更多头部会员被免费快递吸引，加入 Prime 付费会员服务。在此基础上，亚马逊进一步分析这些付费用户的其他痛点，相应的服务也开始逐步叠加提供给这批用户。

挖掘头部用户的痛点固然能够吸引这些用户，但是不一定能够实现对头部用户的持续留存。公司稍后对 Prime 会员提供了更多样化的增值服务，包括无限量的音乐影视、无限量的照片云盘存储及 100 万本 Kindle 电子书的借阅等服务，还推出预付费能够享受 25% 的折扣等活动，吸引头部会员持续付费。

随着亚马逊优质 Prime 会员的数量增多，公司把现存用户量与用户购物喜好数据变成一种资产，跟其他公司联合设计用户留存服务。比如，亚马逊曾跟 Moto 和 Blu 两家手机厂商进行联合，以低于市场价

50~70美元的价格向亚马逊会员优惠促销。

商家以这样的价格促销，不会亏本吗？并不会，这更像是合作商家定期一次的精准用户投放市场促销行为。亚马逊拥有庞大的 Prime 会员池，通过精准的头部用户的分级和用户画像，亚马逊能够联合厂商为头部用户提供更多具有竞争力的增值服务，而厂商也可以通过精准促销投放提升产品市场转化。这是双方对存量用户资产的一个良性循环运营。

最后，亚马逊赋予头部用户新的身份认同。亚马逊把 7 月 15 日定为 Prime 会员日，在这一天向 Prime 会员提供最低的折扣，类似中国的“双 11”购物节。亚马逊 Prime 会员日活动期间，销量会增加 90%甚至 100%。举办会员日是亚马逊的用户留存行动，本质上是满足用户在亚马逊购物的自我认同这个精神需求。

B 端头部客户留存

除了一次性采购量大之外，B 端头部客户还具有数量少而精、业务场景复杂、决策链条长、流程差异化、追求服务稳定与交付能力等特点。在市场红利降低、企业同质化产品服务竞争日趋激烈的今天，B 端头部客户留存问题也进一步被供方企业所重视。与 C 端头部用户留存不同的地方在于，B 端头部客户提出的新需求需要供方企业提供不同的专业解决方案，因此，企业对 B 端头部客户的留存主要围绕着“与客户新需求匹配的能力与解决方案”展开。

具体来说，企业可以通过下列 3 个策略来留存 B 端头部客户。

（1）匹配专项服务团队

企业首先要着手建设 B 端头部客户的运营团队，改变原来的项目组加上临时抽调的支持部门人员所形成的“虚拟客户项目组”模式，及时调整配置服务团队人员，成立一个对 B 端头部客户负具体责任的专项团队。该团队一般由公司副总及以上级别的高管亲自担任负责领导，以提升团队客户服务资源调配能力，支持 B 端头部客户的业务发展。团队的成员选择方面，除了该客户业务负责人之外，客户定向维护团队的其他成员需从个人素质、团队协作能力、技术实力、办事效率等方面考察筛选，让B端头部客户享受到更专业的团队服务。

（2）成为客户业务提升伙伴

B端头部客户的运营团队不仅要满足客户的基本需求，还要形成客户的业务支持体系，与客户共享资源与资讯，双方建立信息传递网络，以便经常交流、沟通B端头部客户经营活动中发生的重点事件，帮助客户梳理出现的问题和业绩增长亮点，与客户一同抓住出现的发展机遇。同时，与B端头部客户一起申报获取在研发、生产和销售中所需要的资质和证照；与B端头部客户一起努力降低客户运营成本，提高运营效率，使B端头部客户在经营能力和营收利润上获得提高，进而更加信赖产品服务供应企业。

（3）成为客户生态合作伙伴

项目合作有边界，但与头部B端企业客户的商业合作，绝不仅局限于单个项目。产品服务供应商要了解头部企业客户的发展愿景，他们靠单打独斗或只与几家企业合作是无法实现这个复杂的发展目标的。在发展业务的过程中，客户需要共同发展的合作伙伴，能够理解客户愿景和行业发展趋势，放眼在本行业领域中的更长远发展，这就是生态合作伙伴的价值。通过项目切入，但不止步于项目合作，供方需要与B端头部客户建立起更长远的生态战略合作伙伴关系，除了完成合同约定的业务合作外，参与B端头部客户其他的公司战略合作，如共同组建产业联盟、发布行业标准、组建合作公司及共同拓展更多的业务市场等。

举个例子，A公司是一家SaaS平台搭建与服务公司，A公司的头部企业客户是一批采购发生金额大、持续将定制化SaaS平台的运营业务外包给A公司，并具有影响力的行业领军企业。A公司为了留存头部企业客户，在团队的发展上，根据头部客户业务发展需求，扩招平台搭建运营、数据统计分析、可视化设计等方面的人才。同时，A公司定期为头部客户招募、培养优质平台运营人员。近期，A 公司申报相关 IT 领域开发资质，以符合 B 端头部客户新业务平台开发建设对开发集成商的资质要求。A 公司更进一步参与了头部客户的战略拓展计划，与头部客户一起签约战略合作方，在新扩张区域建立办事处或分公司等，进一步与 B 端头部客户绑定。

6.4　避免头部用户留存 3 个误区

误区 1：企业给头部用户越多优惠，就越能促进头部用户留存

重点用户对企业的价值要高于其他用户。企业知道要想有回报，必须要先有付出，因此，一些企业给予重点用户的优惠政策会比给予一般用户的优惠政策多。

但企业要明白，头部用户也是市场化运作的主体，在对合作利润的争夺上，其实与产品供应方处于博弈状态。供方企业对头部用户所提供的各项支持，是供方企业单方面行为，在企业设想中，头部用户会“将心比心”，持续购买产品服务，但这其实是一种假设，并不一定会发生。同时，如果供方企业持续让步，也会让头部用户产生“企业提供的产品不靠谱，要用这么低的折扣来吸引用户”的想法，反而影响企业对头部用户的留存。例如，我接触到的某家提供 IT 服务的企业，其对头部用户提供更高的优惠价格，将市场话语权完全交给头部用户，不仅逐渐丧失了议价能力，还追不回与头部用户合同约定的项目尾款，最终因为现金流断裂而倒闭。

正确的做法是，供方企业要对其成本和利润做好基准线设定，评估头部用户谈判过程中索取权益而增加的各项成本，并且争取一次性敲定最低能给的优惠政策，避免进入持续被头部用户夺取市场话语权的境地。

误区 2：企业对普通用户与头部用户的维护手段没有差异

头部用户对企业重要性比较大，但许多企业并没有在营销服务上转变策略，跟上头部用户对企业营销和服务提出的需求。更有甚者，企业没有专门机构和专人负责与头部用户打交道。头部用户的营销模式与传统中小用户的营销模式有明显差异，企业却没有看到这种差异，反而由原本负责中小用户的营销人员负责与头部用户之间的联络、沟通。由于信息不对称，对头部用户不熟悉，这些营销服务人员无法洞察头部用户的差异性要求，最终头部用户对企业产生失望情绪，转向另外的竞争企业。

某家企业在与头部用户打交道的过程中，仍然沿袭传统的营销思路，将头部用户当成一般用户来看待，如对头部用户推出适用于所有用户的营销广告、促销措施；没有给头部用户提供专属的用户服务，让头部用户排长队等待热线电话等。最终，这家企业的头部用户流失得厉害。企业通过纳新手段，新增用户持续增长，但真正产生长远价值的头部用户数量却持续减少，企业利润受到影响。企业无差别的营销服务思路，在很大程度上阻碍了企业与头部用户之间建立良性的合作关系。

误区 3：企业为了留住当下头部用户，而忽视具有成长潜力的用户

一些企业调整战略，专注于头部用户，将公司的各项资源都向头部用户倾斜，将具有成长潜力的用户排除在用户留存清单之外。有的企业虽然也重视潜力用户，但只给这些用户一些口头承诺，在服务上还是将优惠政策和市场支持费用都偏向头部用户。这样很容易造成潜在用户的流失。

B 端头部客户实力雄厚，拥有全盘考虑和战略思维，不会为了某个企业而改变整体策略；C 端头部用户拥有很多选择权，随时可能更换其他替代产品。供方则不然，一旦企业认定头部用户利益至上，忽略了其他成长潜力用户的留存，那么在头部用户离开之后，企业就面临被动局面。供方企业应充分发挥头部用户和潜力用户各自的优势，同时保证中小用户持续积累，才能确保拥有持续生存发展动力。

经营头部用户

第 7 章　唤回流失用户

7.1　用户流失原因

在追求快速发展的管理过程中，企业一般将工作重心放在如何获取新用户以扩大业务规模，与竞争者争夺现有市场上面，而对企业已有用户潜在价值挖掘却不够。事实上，企业与用户保持的业务关系时间越长，企业从用户身上能够获取到的价值总额越大。企业不仅应开发新用户，还应该重视存量用户，防止用户流失。如果用户流失，企业还需要有选择地对部分用户进行唤回。唤回流失用户也应是企业用户留存的重要策略之一。

用户流失是用户为企业带来的价值减少的现状或趋势，不仅包括用户与企业终止了业务合作关系，也包括用户对企业产品或服务消费金额下降的趋势，或用户转向购买竞争对手的产品或服务的行为。

分析用户流失的原因，有助于企业洞察市场变化，有效唤回流失用户。

用户流失的主要原因有六个方面。

（1）自然流失。产品与服务本身没有问题，只是用户对产品与服务的需求或兴趣减弱。针对自然流失，很难通过流失前预防、流失后召回等方式阻止，企业可将这些流失用户判定为正常流失范围，采用持续维护而非积极唤回策略应对。

（2）用户对价格变动做出的反应。企业产品价格提高后，用户为了购买更经济实惠的产品（或获得更多的产品价格补贴），而转向替代性产品。

（3）用户寻求更优的产品。用户对产品质量提出更高要求却得不到满足，便转而寻找更高质量的产品。

（4）用户的服务需求得不到满足。在用户与企业合作过程中，服务人员态度不佳，无视用户需求，业务能力不足，就会导致用户流失。

（5）用户的技术需求得不到满足。企业现有技术无法满足用户的新需求，用户就会转向能满足其需求的竞品企业。

（6）便利性缺乏。用户在购买产品的过程中，遇到了如距离远、物流时间长、营业时间冲突等方面的不利因素，降低了用户的购物体验，因而转向更加便捷的竞品公司。

7.2　唤回流失用户策略实践

没有企业能够完全阻止用户流失，但并非所有流失的用户都要被企业唤回。建议企业先对用户价值进行评估，将唤回用户重点放在头部用户、现金流用户与潜力用户上，而对于偶然用户，企业无须投入资源唤回。

需要指出的是，偶然用户和潜力用户都有可能变成沉默用户，这些用户在发生产品购买行为后，近期一段时间处于未再次购买的状态，企业暂时无法观察这批用户对企业产品服务的关注与复购倾向，但这些用户并没有转向竞争对手的产品。沉默用户形成的原因可能是用户感受到的价值比较小，没能充分地满足其需求。

策略 1：电子邮件营销

据统计，邮件主题行的内容会影响打开率，企业采用个性化主题行的邮件，收到的用户打开率达 50%。企业可使用前标题来扩展邮件主题行，邮件前标题是指在收件箱中查看电子邮件时，在主题行后面的摘要文本，通常只有一句话。标题与邮件主题结合起来讲述一个“商业故事”，会增加用户打开邮件的概率。35%的收件人仅根据邮件主题行来决定是否打开邮件，64%的消费者会根据邮件的来源打开邮件，95%的顾客选择接受品牌的电子邮件简讯。检查电子邮件是互联网上的第一大活动，94%的人因此而上网。58%的顾客表示，他们更喜欢品牌企业通过邮件联系自己。

企业可持续对邮件用户留存策略做出改善，在邮件中，建议企业告知存量用户该商品是热门商品或即将断货下架信息，利用商品稀缺性营造良性诱导。在邮件中清晰显示更多被推荐的产品或服务，以鼓励用户持续购买。数据表明，用户将产品添加到购物车时，在购物车页面添加一些额外的购买推荐，可增加50%用户的点击率，也能提高约10%的购买转化率。

策略2：短信营销

现在，用户每天都面临各种企业的短信轰炸，由于短信群发资费成本低，操作简便，覆盖面广，很多企业都将营销短信作为挽回流失用户的主要手段之一。

企业的用户运营团队要勇于高频地召回用户，持续完善短信用户群发分级体系，打磨文案，监控用户反应数据，优化成本，持续提升用户唤回效果。

如果企业在短信中增加了网站或应用链接，要保证用户点击链接后能尽快打开，优化用户阅读与提供反馈的过程。企业通过短信给流失用户提供优惠券时，要注意设计一些特定的促销场景。比如，用户特殊优惠产品专场等，这样流失用户的回购率会有所提高。

如果是以新闻资讯分享的方式来唤回流失用户，就要注意针对不同用户的关注热点来投放不同的新闻资讯，并调整关键资讯的顺序，从而更好地提高流失用户唤回率。

策略 3：用户流失预警监测

企业通过用户流失预警监测来预测用户流失趋向，并唤回用户，降低唤回成本。流失预警是通过提取用户各类历史行为数据，观察一定时期内用户的数据特征，分析探索规律，从而预测当前的用户在未来时期内的流失情况。

用户流失预警监测需针对处于不同购买阶段包括初识产品、发生兴趣、试用产品、复购产品与持续购买等的用户，采取不同监测模型来进行预测。企业可将用户分为获取期、提升期、成熟期与衰退期，以便在后续对用户进行分类，采取相应的唤回策略。

策略 4：邀请流失用户参与调查反馈

在流失的用户中，有部分用户愿意对企业发表自己的意见。企业可以通过邀请流失用户参与调查反馈，主动搭建倾听用户声音的通道。同时，调查问卷能够识别那些愿意帮助企业改善的流失用户，给企业一次唤回这些用户的机会。

调查问卷可以通过用户联系方式传递给用户，当企业成功获得用户的反馈信息后，需要让用户知道其反馈是有价值的、有意义的。如果企业决定采纳某些修改建议，那么可以在新改进的产品或功能发布时，对提出这些建设性意见的用户表示感谢，或者给这些用户派发免费产品试用，以便向用户表达谢意，同时这也是企业一次唤回流失用户的尝试。

策略 5：提高用户流失的成本

提高用户流失成本这种逆向思考策略，能够提高企业对潜在流失用户的唤回效率。用户流失成本越高，企业越有可能阻止用户流失。在具体策略上，企业可以在第一次与用户联系时，就尽可能地引导用户对企业提出多方面的需求，提高用户对产品的使用频率（将产品变成日常生活的一部分）或使用深度（让用户更加深入地了解产品功能价值，提升用户的会员服务功能）。

上述唤回流失用户策略的实施，可以分别通过 C 端用户与 B 端客户的实例来说明。

C 端流失用户唤回实例

某教育机构成立于 2005 年，发展至今，已是同时拥有线下与线上培训业务的知名机构。机构主要服务于有青少年教育培训需求的家庭，已在全国积累超过千万的顾客，为他们提供文化课培训、青少年思维培训、青少年素质教育项目陪练等教培服务。

但近年来，该教育机构用户流失严重，多数用户虽已付费购买培训课程，但未对企业产生忠诚度。同时，机构面临着多家竞争对手，如果不采取措施，那么用户会加速流失。

经过调查分析，该教育机构用户流失主要原因与对策总结如下。

（1）教育培训行业一般会对用户推行“班主任”制度，但该机构负责孩子课后学习的班主任，常常催促存量用户续费或者介绍新用户，而不是将重心放到帮助孩子巩固课后的学习上，这种行为表现降低了用户体验，引起用户流失。

学员在学习新知识后，需要在课后消化这些知识，企业应将班主任的作用定位为帮助学员排疑解惑，及维护与真正付费用户——学生家长的关系。一个尽职尽责的班主任会在课后积极回访家长，访问孩子学习情况，给出针对性建议，这样才会赢得家长的好感。时间越久，家长对班主任越信任，对企业也越认可，用户流失的可能性越低。

（2）在授课团队组建上，该教育机构由于业务扩张需求，大量招聘刚毕业的培训老师，许多老师授课经验不足。一部分家长和学员反映，老师只是简单地按照开发好的课件讲解，并没有讲透，没有达到启发学生的作用。新老师本身甚至还没有适应该教育机构的课程体系，许多学生对老师素质不太满意，导致用户流失。

师资力量是教培机构唤回流失用户的核心手段。机构需加大对授课老师的培训力度，需要进行专业系统的培训，不只是针对学科讲解进行培训，还要针对细节性的互动技巧等进行培训，提升老师对学生的观察引导、演讲表现力、心理辅导等技巧，提高用户满意度。

（3）教培员工离开后，企业没有注意替补老师对用户造成的教学体验差异。在换了新老师后，用户感觉到新老师在教学方法和思路上与之前的老师差异较大，一时难以适应。新老师忽略了与用户磨合，也未去了解前任老师的教学风格，主要注意力仍然放在课程内容上，也使得用户的体验感降低，从而发生流失。

在发生换老师的情况时，企业要提前组织新老师与学员、家长沟通磨合，了解前任老师的教学风格与优点，了解学员对教学风格和教学方式的需求。同时，企业在为用户更换老师前后，可以通过标准化流程，降低用户获得教学体验的差异。

B 端流失客户唤回实例

某物流公司主要为企业客户提供物流运输服务，在持续经营过程中，企业客户流失率增加。分析后，发现该物流公司的客户流失主要有下列原因。

（1）物流公司对客户关系管理工作缺乏整体规划。客户关系管理工作没有专人负责，而是分派到业务团队各部门，多个业务部门没有主次之分，导致公司在客户留存上没有工作目标，没有工作计划，也没有工作绩效压力，故无人关注客户流失问题。

（2）公司不同部门之间形成客户信息孤岛，没有用户留存协作机制。该公司处理客户关系管理的工作分配到若干个部门，在日常工作过程中，各部门只注重自己的工作内容，相互之间没有沟通与协作，存在着重复工作、遗漏工作的现象。同一个客户会收到来自该公司不同部门的反复沟通和拜访预约信息，造成客户的体验感降低与时间浪费，进而造成客户流失。

（3）公司搭建的客户关系管理系统，功能侧重于客户业务拓展流程申报操作，而非客户管理。公司目前的客户关系管理系统主要是针对客户信息建档、业务立项申请、客户状态变更等工作，缺乏客户流失唤回的预警和动态信息跟踪管理功能。一方面，复杂的客户信息建档表格，增加公司业务人员申请客户审批的时间投入；另一方面，客户动态跟踪不足，造成信息滞后，也无法从根本上解决客户流失问题。

针对上述问题，该物流公司进行了一些调整，以降低客户流失，实现客户留存目标。首先，公司建设客户关系管理的专门组织机构，引入客户关系管理专业队伍。其次，公司在流失客户预警及客户关系管理方面，完善相关制度，为公司客户维护与流失客户唤回提供工作指南与行动准则。最后，公司进一步完善企业客户关系信息系统，通过大数据分析，收集、整理、细分出客户的具体需求，分析出客户的具体价值，促进公司和客户维护沟通，从而减少客户流失。

7.3　避免唤回流失用户 3 个误区

误区 1：企业以单一指标定义用户是否流失

有的企业参考对标企业，简单将用户超过一定时间不登录应用或不发生付费行为定义为用户流失行为，进行唤回。这样做的结果是企业在用户流失唤回工作上，投入的成本比较高，对一些实际上并未流失的用户也投入了唤回成本。举个例子，一些用户虽然数月没有登录应用或平台，但依然持续购买会员；线下用户虽然不再复购，但积极参与企业的推广活动，并主动向周围的亲朋好友宣传企业产品及服务。这些用户就不能定义为流失用户。根据企业自身产品和平台应用的用户行为特点，多维度分析用户流失行为，更精准定义流失用户，能够让企业降低用户流失唤回成本，迅速并准确找到目标唤回群体。

误区 2：需要分析所有流失用户的流失原因后再开始唤回工作

企业无法完全避免用户流失，如果用户流失率在合理预测范围内，就属于自然流失，不需要花太多时间来分析用户流失原因。如果在某个时刻，用户流失率陡增，那么肯定是某个特殊原因导致，此刻就需要对这些流失用户进行深入分析，寻找原因。例如，市场上出现了一个新竞争产品，且性价比优于企业现有产品，导致了用户续费行为终止，而转向新竞品。这时候，企业需要对新竞品的性能、价格、组成、服务等维度进行深度调研分析，然后制定应对策略，唤回流失用户。

误区 3：把活动作为流失用户唤回的唯一手段

企业唤回流失用户的主要对策是向用户投放优惠券或其他优惠权益，该行为无可非议，简便易行，其内部的逻辑是：企业生产成本已是沉没成本，投放一些优惠或附加权益，所增加的边际成本可忽略不计。如果用户被成功唤回，重新付费，就能产生正边际收益。但该策略对于流失用户的吸引力已开始下降。正如现在流行的一句话，“领券购买省 20%，不买立刻省 100%”。流失用户不会因为短暂的优惠而被长期唤回，不断打价格战或采用撒优惠券这种流量思维的用户唤回手段，会导致企业用户留存成本持续增加。企业应从产品本身出发，以更优质的产品与服务，去吸引用户重新购买。

唤回流失用户

下 篇

企业用户留存经典案例

第 8 章　成熟企业的用户留存之道

案例 1：用户刷抖音不付费，抖音如何获取用户留存价值

当下，短视频成了主流的信息传播与视频社交途径，并已发展成为一个火爆的新媒体行业。随着 5G 通信技术的发展与普及，短视频行业有效满足了用户碎片化信息获取与娱乐需求，用户月均使用时长已超手游、在线视频等应用。根据艾瑞咨询调查，短视频市场规模增长迅速，2019 年达 1006.5 亿元（比上年增加 115.5%），预计 2021 年将超 2000 亿元。另据移动互联网商业咨询公司 Questmobile 调查，截至 2019 年 9 月，短视频月活跃用户数（MAU）已超 8 亿人，渗透率（短视频应用安装设备数占总设备数的比例）超 70%，已成为排在移动搜索、移动 App 后的互联网第三大流量入口。2019 年 6 月，短视频行业用户月均使用时长已达 22.3 小时。截至 2019 年 6 月，短视频用户使用时长较 2018 年 6 月的增速为 60%。2020 年 1 月，短视频行业的前五位分别为抖音、快手、西瓜视频、抖音火山版、微视，其 MAU 分别达 5.5 亿人、4.9 亿人、2.7 亿人、1.7 亿人、1.2 亿人。

以抖音为例，用户在抖音上进行短视频内容创作，可以更加随意，不需要具备专业的拍摄剪辑知识，只要保证内容通过合规化审核，就能够上传到短视频平台发布共享。抖音也逐渐成为个人品牌传播的媒介与工具。短视频内容的发展，也逐渐从以内容为核心元素过渡到以人的“魅力”为核心元素。短视频社交平台不但是有趣、实用、复合美学及

影响用户三观的视频内容发布传播平台，更是个人表达形态和个人魅力传播的自媒体工具。

哪些用户在使用抖音？据咨询机构分析，截至 2019 年 6 月，国内抖音 35 岁以下用户占 70%左右，男女用户占比较均衡，男用户为 52.2%，女用户为 47.8%。在城市分布上，44%的用户位于一线、新一线及二线城市；而 56%的用户位于三、四线及其他城市。抖音从一开始便确立了“年轻人的音乐短视频社区”的产品定位。

从消费能力上考察抖音用户，最高的是中等消费者，占比 32.26%；其次是中高等消费者，占比 29.47%。中等消费者是指有较强的日常消费喜好的消费群体，如网购、生活服务、出行等；中高等消费者是指有一定的投资性，偏向高端商旅消费的消费群体。不管是哪类用户，都可随时随地免费刷抖音，将原创的短视频上传抖音，也不需要支付上传费用。

抖音营收快速增长。抖音发布的《2019 抖音数据报告》显示，截至 2020 年 1 月 5 日，抖音的全球日活跃用户数已经突破 4 亿人，这也让抖音成为月活用户（MAU）增长最快的互联网 App。从 2016 年 9 月软件上线，到 MAU 破亿人，抖音用时 1.5 年左右；而从 1 亿人的 MAU 增长到 4 亿人，仅过了 9 个月。

据分析，抖音 2019 年营收为 500 亿元左右。其中，海外应用公司 Sensor Tower 在 2020 年 1 月发布了抖音的最新海外经营数据，海外版抖音（TikTok）2019 年在全球的营收额达 1.769 亿美元，抖音海外版 TikTok 的历史总营收额是 2.467 亿美元。仅 2019 年，抖音海外版的营收就占据了总累计营收的 71%。同时，2019 年年营收额超过了 2018 年 5 倍多。

抖音是如何做好用户留存与用户价值转化的？其运营模式如图 8-1 所示。

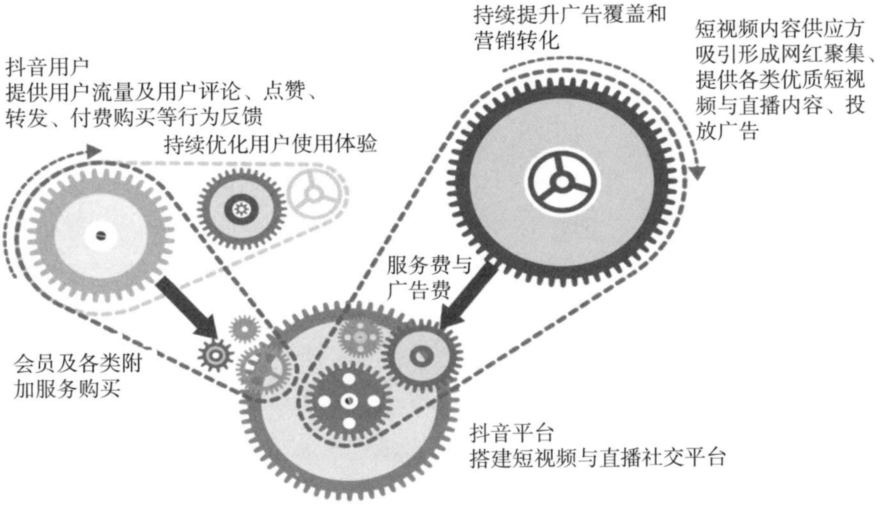

图 8-1　抖音的用户留存运营模式

（1）网红抽成

抖音向平台上具有影响力的“网红”，按比例收取平台使用费用。

2019 年，网红抽成占抖音总收入的 10%~15%。抖音成立了为品牌主、MCN（多频道网络）公司、明星、原创达人进行内容交易的服务平台——“星图”，平台为这些意见领袖提供更多视频社交服务，并向他们收取平台服务费、直播打赏提成、电商倒流费等。

网红生态在逐渐变化。抖音头部网红账号凭借其影响力吸引超百万粉丝，粉丝流量变现可观，生存压力较小；而粉丝量在 30 万~100 万个的中段网红账号竞争激烈；那些小于 30 万个粉丝的尾部账号，如果没有持续优秀的内容产出，就会面临淘汰。随着短视频行业流量被头部大号瓜分完毕，流量变现红利降低，新用户规模增速放缓，存量用户因视频内容丰富度增加，选择变多，对网红的视频内容要求越来越高。

据卡思数据统计，2019 年仅有 33% 的网红处于增加粉丝状态，有 18% 的网红粉丝数量下降。网红如果要生存，其基础门槛是 30 万个粉丝，而 300 万个粉丝是头部网红号的进阶门槛，也是大部分中段网红难以跨越的关卡。2019 年，拥有 30 万~300 万个粉丝的中段网红占比42.5%，而低于30万粉丝的内容创作者占比达54.61%，并且竞争愈加激烈。

2020年，抖音提高了网红直播带货准入门槛。从1月开始，抖音限制一切账号发布“带购物车视频”的条数，对不同粉丝量的账号设置带货条数门槛，最小的账号（粉丝低于1000个）每天只能发布一条，最大的网红账号（粉丝高于10000个）每天也只能发布10条。从2月中旬开始，所有开通了电商权限的账号必须进行“四要素验证”（姓名、身份证号、手机号与人脸），并缴纳500元保证金；保证金缴纳必须由个人完成，不得由对公账户支付。抖音设立该项规则是为了抓牢网红，并实现网红私域流量的营收转化。

根据上述分析，2019年抖音的网红抽成营收主要来源于占比在3%~5%的头部网红和抖音开设的网红内容及网红经营机构聚合平台“星图”的服务费用收入。

（2）抖音平台上商家投放广告收入

2019年，广告收入占抖音年收入的80%~85%，广告收入产值在450亿~500亿元，是抖音主要营收来源。抖音平台上的营销广告服务包括信息流广告、开屏广告、创意互动广告及品牌挑战活动等。抖音广告主的类型广泛，包括了服饰鞋包、护肤美容、文化娱乐、教育培训及游戏等。在抖音上投放广告，目前有CPC、CPM和CPT 3种计费方式。

①CPC计费方式

CPC即按每次点击计费。2019年抖音信息流广告一个CPC的价格为0.2元，即用户点击了广告主投放的广告链接，抖音会收取广告主0.2元的广告费。

②CPM计费方式

CPM即每展示千次收一次广告投放费用。2019年信息流广告一个CPM的价格为4元，即广告主选择按曝光收费，广告每1000次曝光，抖音收取广告主4元的广告费。

③CPT 计费方式

CPT 即 24 小时内任一时间段投放广告，用户只要在这段时间内打开抖音 App，即可看到广告，在这段时间内无论广告展示多少次，只向商家收取一次广告费用。

在广告投放构成上，根据 App Growing 统计，2019 年第一季度至第四季度，游戏及文化娱乐行业的广告投放数在抖音媒体上逐渐减少，而护肤美容、服饰鞋包行业广告则呈现逐月增强的投放趋势。抖音媒体第四季度 22. 08%的广告为直营电商广告，是广告收益主要来源之一。

2019 年，在游戏及文化娱乐行业的广告投放中，头部游戏依然是广告投入的主要内容，传奇类、仙侠类、三国类及战争类等题材的游戏在抖音投放力度较大；同时，角色扮演及动作冒险游戏占比高；游戏广告的目标人群多为男性用户。在非游戏文娱行业广告投放中，购物、娱乐、阅读及生活等符合年轻群体日常使用偏好的应用投放广告力度比较大。非游戏应用广告主多为短视频、购物及阅读类 App。

（3）其他收入

抖音的其他收入包括企业名称蓝 V 认证收费、高效提升视频播放量与互动量的服务平台 DOU+流量推广费用，还有游戏、知识付费等。这部分收入目前不是营收主流，占抖音营收小于 5%。

除了 600 元/次的企业认证服务费等营收外，抖音还在收入多元化上做出了更多尝试。2019 年 4 月，抖音宣布引入 1000 家“公会”（类似行业社群），并将进一步开放流量入口、优化直播广场，以此给直播更多流量扶持。2019 年底，在抖音创作者大会上，抖音提出将进一步加大抖音直播扶持力度，具体包括：给予创作者更多流量补贴，提升创作者创作的积极性；搭建优质创作者引入体系，为创作者提供专属的直播流量加速包；向公会提供一对一的高效运营，为公会成员对接 7×24 小时的服务等。

此外，2019 年底，抖音母公司今日头条将旗下直播平台“火山小视频”品牌升级为“抖音火山版”。抖音火山版在产品设计、用户定位上更加类似竞品快手，在头条内部产品中，与抖音的用户重合度低，未来有望成为一个新的直播变现产品。

抖音实现上述营收的基础是庞大的活跃用户量，并且这些活跃用户还在快速增长。抖音是如何确保存量用户活跃度和用户黏性的呢？

抖音激活用户的第一步，就是把内容重心放在音乐舞蹈演绎类的短视频上，并集中展示这些内容。在平台上建立话题视频挑战，刺激视频库的增长；雇用专业的舞蹈或音乐达人拍摄视频，发布到各主流视频平台上，进行宣传引流。抖音精心打造引流 H5 页面，当没有接触过抖音的人打开朋友分享的抖音短视频后，进行点赞、评论等操作行为时，就会跳转至 App Store 下载产品；且该 H5 分享页会有多个同类型短视频推荐，点击亦可跳转下载。

抖音不断优化用户使用便捷性。抖音视频展示页面设计简洁明了，下滑即可切换视频，右侧罗列着“点赞”“评论”“分享”几个核心功能按钮；抖音官方小助手专门开设了短视频课，教用户怎么玩转抖音，拍摄高品质的视频；在对用户的反馈上面，抖音主要是后台优化工作，诸如优化算法逻辑、提升加载速度等。

在用户激励上，抖音没有设计通用的激励体系，比如签到、勋章、等级积分等，而是围绕用户需求不断优化解决方案，优化用户使用体验。用户的核心需求主要有两点：一是能一直刷到符合自己喜好的视频；二是能简单轻松地拍摄出高点赞的视频。因此，抖音不断完善推荐算法，借助数据深度分析模型，更智能地规划视频分发行为，增加视频发布者与潜在受众的接触频次，以提高用户关注度及收藏率等。

同时，在降低用户的内容生产门槛上，抖音为用户提供便捷的拍摄工具、特效制作工具、视频编辑工具、视频素材库；在降低创意策划门槛上，抖音为用户提供现成的脚本模板、挑战、教程，贴近生活的取材、场景，Showcase 迭代更新内容的激发与联想等；在有效地激励和引导用户主动创作上，提供流量分配激励、精神激励和内容生产上的引导，并且主动支持在个人主页展示微博，自动关联通讯录及向用户通信好友推荐，以提高短视频制作达人的黏性，激励更多优质内容的产出。例如，用户可将短视频转发到微博中，借助微博的流量来变现。

抖音用户留存手段，不算是线上短视频平台的颠覆式创新，然而飞速增加的活跃用户量，及不断推陈出新的用户价值挖掘行动，说明抖音的用户留存策略能够抓住短视频的行业红利，也能让留存的用户持续地产生商业价值。

案例 2："不时尚"的优衣库如何留下大量持续付费客户

优衣库（UNIQLO）是日本迅销集团旗下的核心品牌，2019 年获评全球第三大服装零售商，全球十大休闲服饰品牌之一，日本服装零售业第一名。优衣库采用仓库型店铺，店内舍弃了不必要的装潢装饰，顾客如同逛超市自助购物，店内服饰以合理可信的价格及优质的质量取胜。

2019 年 10 月，优衣库母公司迅销集团公布 2019 财年（截至 2019 年 8 月 31 日）业绩，公司实现当年营收 2.3 万亿日元，同比增长 7.5%。其中，包括中国在内的海外市场营收首次超过日本本土市场，海外市场营收总额首次突破 1 万亿日元，经营利润同比增长 16.8%至 1389 亿日元，税后经营利润维持在 13.5%左右的高水平，优衣库成为迅销集团业绩增长的重要引擎。

中国已成为集团增速最快的市场。2002 年优衣库开设中国首家门店，截至 2019 年 8 月 31 日，优衣库在中国已有 711 家门店。2020 年，优衣库在中国开店超过 1000 家。财报显示，大中华市场销售额和利润强劲增长，销售额同比增长 14.3%至 5025 亿日元，经营利润同比增长 20.8%至 890 亿日元，同店销售额持续攀升，电商销售额增幅超 30%至

1700 亿日元。预计到 2022 财年，迅销集团大中华市场的销售额有望能突破 1 万亿日元。优衣库与其他迅销子品牌耀眼的业绩，让集团创始人柳井正身家升至 249 亿美元，在 2019 年再次登顶日本首富（柳井正于 2016 年曾被评为日本首富）。

优衣库推出的基本款服饰已成为各年龄层消费者的衣柜必备。几年前，我在优衣库购物时，看到一位顾客一次性消费 4000 多元，从羽绒服到袜子都购置齐全了。当时我就在想，优衣库到底有何魅力，能够吸引消费者重复购买？

很多顾客可能不曾买过那些昂贵而图案别致的潮牌，但肯定买过一件优衣库的简约 T 恤或家居服，而且由于穿着舒适，这些简约服饰成为家中常备的衣物。为何一件价格便宜、经常打折、基本没有花纹图案、简约版型的优衣库服饰，会紧紧抓住顾客的钱包？

经过分析，我认为优衣库在抓住顾客上，主要策略如图 8-2 所示。

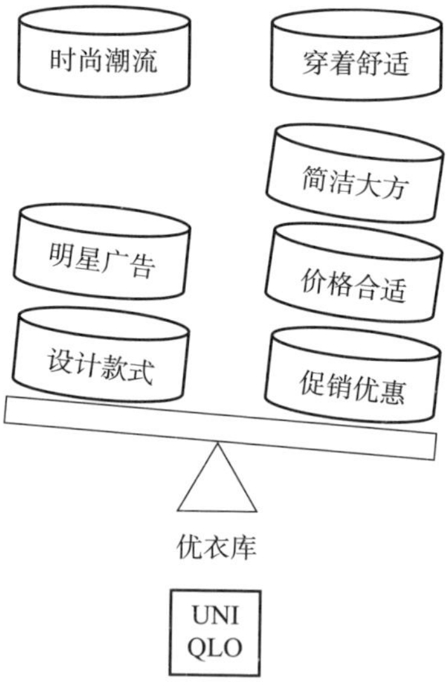

图 8-2 优衣库的用户留存策略

（1）优衣库的产品价格与服饰风格均定位为普通顾客

在目标顾客画像设计上，服装业通常先是按性别、年龄、喜好等对顾客进行分类，进而再设计、生产和销售符合特定顾客画像的服饰产品。优衣库却致力于提供男女通用、无年龄限制的基本款商品。比起男性或女性专款的服饰产品，男女通用的服饰不仅降低了款式设计成本，还提升了服饰销量。

为了确定普适性服饰的定位，优衣库在定价上也追求大众化。20 世纪 90 年代，通过市场调研，优衣库发现多数顾客无须犹豫就可以购买 1900 日元左右（按 2020 年汇率计算，相当于 125.7 元人民币左右）的衬衫与女性上衣，于是将 1900 日元定位为商品的价格基点。

即使在日本经济过热时期，服饰同行们纷纷提高产品售价时，优衣库依然在卖 1000～1900 日元的低价服饰。不仅工薪阶层，就连家庭主妇与学生都毫无购买压力。价格亲民带动了顾客数量大幅度增加。

（2）优衣库持续提升产品品质与顾客穿着体验

优衣库遵循这样一个营销公式：品质÷价格＝价值。在努力保持商品低价格的同时，提高服饰商品品质，就是提高了顾客所获得的价值。要提升品质却又保持经济的价格，就要想办法降低生产成本。从创办开始，优衣库就致力于经营成本控制，这里列举优衣库 2 个节本增效的策略。

策略 1：自有品牌专业零售商经营模式（Specialty retailer of Private label Apparel，SPA）

快消服饰产品的市场预测难度大且销售周期短，要速战速决是服装业面临的挑战。为了解决这个问题，优衣库借鉴了服饰品牌 GAP 发明的消费业经典运营模式——SPA 模式。SPA 模式，是指将商品策划、制造及零售都整合起来的垂直整合型销售形式。

优衣库从各类商品群中，挑选出不受潮流影响的基本款休闲服和内衣等商品，并确保这些商品在销售旺季不缺货。跟流行服装相比，基本款服装虽是配角，但消费者每季都有稳定的购买需求量，而且客源不断，因此每年这些产品的区域销量基本是稳定的。准确预估销量，优衣库就能够降低服饰在设计、生产、物流与销售方面的经营成本。

优衣库把每季的标准销售周期定为 12 周，为了防止在销售周期内缺货，企业采取集中库存和选择调配的方法来保障商品供给。在主打基本款商品的基础上，优衣库限定商品种类，并增加了每种商品的生产数量。据估计，优衣库 1 年所有门店的商品种类为 1000 种，根据年销售额和平均价格估算，每种商品的生产数量在 50 万件以上。

同时，优衣库将国外的代工厂数量减少到 70 家左右。通过严格控制代工厂数量，优衣库能更好地统筹管理产品品质，并实现规模量产，降低边际成本。

策略 2：优衣库针对年轻顾客推出定制化 T 恤品牌“UT”

对于大部分消费者来说，优衣库是一个很有安全感的大众服饰品牌，甚至有优衣库的常客能够总结出“大概穿半年，优衣库的 T 恤领口就会开始松垮，所以每半年就要更换一件 T 恤”的精准购买规律。但优衣库如何在做好基本款的基础上，把握当季服饰潮流，为顾客带来更多惊喜呢？

为了适应年轻消费者更多元化的需求，优衣库将基本款 T 恤变成了“设计师的空白画布”，推出年轻定制化 T 恤品牌“UT”系列设计师联名款。

借助一款简单的 UT，优衣库给自己打造了一个“用户流量吸引容器”，通过与艺术家、设计师、潮流 IP 合作，优衣库将电影、漫画、动画、艺术、音乐等流行元素印制在棉 T 恤上。例如，2018 年，优衣库和任天堂合作，将马里奥和皮卡丘卡通形象印刷在 T 恤上，受到很多“80 后”“90 后”顾客的欢迎。如今，优衣库 UT 系列 T 恤已经集合了众多的潮流文化 IP，像 KAWS、乐高、星球大战、机器猫、迪士尼、三宅一生等。年轻人可以借助 UT 这个载体去选择自己喜欢的潮流文化。这个策略不仅提升了优衣库潮流限定款的档次，也降低了原创 IP 的设计成本。每一次限量款 UT 上新，都能制造一个营销话题，给顾客带来惊喜，也吸引顾客进入店铺抢购。

（3）优衣库灵活的促销手段吸引顾客留下来

作为快消时尚服饰店，优衣库很擅长制造消费者剩余，经常提示顾客其产品的“初上市价格”，然后再不定期告诉顾客会有促销降价优惠。

在保证供给的前提下，优衣库一件商品几乎都会经历 3~4 次“有规律”的降价。一些善于观察的顾客，还在网上分享优衣库打折促销“攻略”。顾客在打折力度最大时，从优衣库买到了心仪的衣服，却不知这正是优衣库的促销策略。

因为常年有打折活动，所以顾客经常会去优衣库店里逛逛，没准儿能找到促销好货。看到基本款打折，顾客会更心动，觉得基本款肯定会在某些时候派上用场，买了不吃亏，因此每次打折都可能购买。

另外，服装行业常出现门店销售分布不均的情况，有的门店畅销无货，有的门店却库存积压，这逐渐成为一个行业难题。服饰品牌商宁愿降价促销，也不愿承受因货物积压而带来的库存压力，但降价的动作也就意味着换季或款式过时，消费者不一定愿意为过季产品埋单。

让商品尽快出手，关键是要锁定那些带有明确购买目标的顾客。

对于库存问题，优衣库的做法是在公众号或网店向顾客提供“库存查询”的服务，无须店员的帮助，顾客也随时可以查到目标商品在哪个门店有货，甚至可以选择“自提”或“急送”。

由于经常性打折，优衣库的消费者形成了捂着钱包观望的“坏习惯”，而查库存的功能也可以给顾客制造一种紧张气氛。如果一款畅销产品已经显示库存紧张，就是在暗示还在犹豫的顾客“别等了，再不下单就买不到了”，这种暗示加速了顾客付费购买的决策。

优衣库最朴实的促销策略，就是对顾客公开商品价格与库存变动量，让顾客更灵活地选择购买时间、门店与数量。

网红服饰带来的短期的流量增长，仅能让企业一时爆红。对穿着舒适度和衣物布料品质的坚持，让优衣库的产品顺应了目前服饰市场回归舒适性、实用性与品质属性的趋势，逐渐进入更多消费者的首选清单。

案例 3：肯德基让 1.6 亿会员持续付费的秘密

经常光顾肯德基的顾客，肯定会认为店内播放的背景音乐过于千篇一律，如果能够按照个人喜好，换上自己爱听的用餐背景音乐就好了。这个想法被肯德基所洞察，并已成为现实。2017 年，肯德基推出 K-Music 平台，店铺背景音乐可让店内用餐的顾客自主点播。K-Music 的音乐点播板块就在肯德基的 KFC 会员服务应用软件上，如果你不想下载肯德基的软件，可在店内用餐时，扫描店内海报或餐盘上一次性垫纸中的 K-Music二维码，选择播放你喜欢的用餐背景音乐。肯德基推出的 K-Music活动，已覆盖全国超过 4000 家肯德基门店。这么一个简单的地推营销活动，彰显了肯德基对顾客的尊重。

上面介绍的，只是肯德基提升顾客黏性的一个小例子。作为传统连锁餐饮企业，肯德基巧妙利用互联网应用的平台，推出丰富的会员机制，提高顾客复购率。肯德基的用户留存策略如图 8-3 所示。

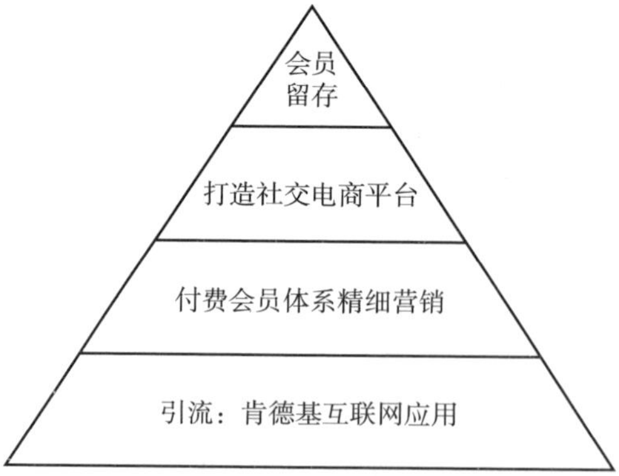

图 8-3　肯德基的用户留存策略

（1）利用互联网应用，为顾客创造更多消费便利

2016 年 7 月 18 日，肯德基的新版官方 App 上线。在第一版应用中，肯德基在界面视觉画风、多个功能集合上做了迭代创新。新 App 界面以肯德基的鸡冠红和西服白为主色调，功能上兼具肯德基“宅急送”点餐和“堂食自助”点餐功能。顾客在 App 上下单后，可在餐厅专用通道快速取餐。同时，肯德基还可通过对周边餐厅查询、当地特色活动推送等板块，实现服务环节优化与升级，改善顾客在肯德基用餐“便利性”的需求，给顾客带来更加自在的用餐体验。

2015 年 9 月，肯德基推出“WOW 会员”计划。如今，借助更便捷的肯德基全新 App，顾客能够一键轻松注册 WOW 会员，享受肯德基线上线下消费的积分服务。肯德基深知会员积分对用户留存的意义，比起其他餐饮连锁店会员积分兑换礼品门槛越来越高的趋势，肯德基在会员积分发放及兑换门槛上一直都比较慷慨。一次普通的“汉堡+薯条+可乐”单人套餐消费，顾客就可获得 800 分以上积分，积累到 25000 积分就能够免费兑换一杯土豆泥或一块原味吮指鸡。这样的优惠政策更激发了顾客持续消费赚取积分的兴趣，也培养了顾客在肯德基的消费黏性。

2016 年，肯德基从零开始搭建会员制应用平台，仅经过 1 年发展，肯德基会员数量就超过了 5000 万人；截至 2019 年底，肯德基会员数量已超过 1.6 亿人。在随后几年，当肯德基的竞争对手纷纷推出线上会员平台与外卖配送服务时，肯德基会员应用已“迭代进化”为商品内容丰富、功能模块齐全、管理机制完善、互动优化合理，并沉淀了大量活跃会员的用户留存平台。

早在 2015 年，肯德基中国地区负责人就表示，之所以上线 WOW 会员制度，是因为洞察到了这个时代发生的变化。肯德基把线下门店、外卖取餐点作为服务顾客的主要渠道，但随着顾客需求的改变，餐点好吃已经不能满足顾客的所有需求，还需要有趣好玩的用餐体验和独特的用餐感受。

肯德基的互联网数字化转型，并非上线一个简单的O2O下单外卖App，而是以WOW会员制的完整思路，借助互联网手段，深度思考如何更好地满足顾客需求痛点，并敏捷推出各项功能和会员权益。

（2）围绕不同顾客的消费习惯，定制多种会员权益包，实现会员精细化留存

肯德基深知快餐消费者众口难调的道理，围绕不同的顾客消费习惯，推出了多种会员权益包，以满足顾客多样性需求。截至2020年，肯德基已形成以7大会员卡为主的特色会员服务制度，并仍在开发新的会员权益组合包。7种肯德基WOW会员卡分别是：大神卡、宅神卡、咖啡包月卡、午餐包月卡、666神卡、亲子卡与醒神卡。

这7种会员卡权益组合不同，但都具备会费不高、产品搭配合理、消费实惠的特点。在对庞大的注册会员进行消费行为分析后，肯德基做了一个消费喜好矩阵，然后总结出不同特色消费突出的偏好特征，并筛选出比较突出的几类顾客的消费行为偏好，定制了不同权益组合的会员优惠卡，实现了精细化用户留存的目标。

在7种付费会员卡中，大神卡是一款广受欢迎的“明星”会员制产品。大神卡定价38元，有效期90天，会员权益组合包括：每天一款“主食+饮品”的早餐两件套享6折；每天任选一杯价格10元的大杯咖啡；两次满18元即减9元外卖配送费。该卡的会员主要是学生或上班族，这些顾客没有太多时间做早餐，一次6折早餐最多能够减少7.2元左右，方便快捷实惠；中午或下午来一杯咖啡，如果是店里消费，21元的大杯花式咖啡最多能够省11元；至于外卖，肯德基9元配送费确实是不太经济，但是大神卡能够减少9元配送费，无疑提高了会员使用肯德基外卖服务的兴趣。此外，大神卡还利用肯德基的会员基数优势，推出爱奇艺视频VIP、QQ音乐VIP、京东PLUS会员等联名卡，附加服务是加量不加价。

肯德基其他会员卡权益组合也都精准投其所好。比如，宅神卡主要

针对喜欢在家点外卖的会员，他们对省配送费的需求比较高，宅神卡能够让会员每天省 2 次外卖配送费；咖啡包月卡主要是针对咖啡爱好者，肯德基推出现磨咖啡品牌“K 咖啡”之后，为顾客供应高品质现磨咖啡，咖啡包月卡可以连续一个月每天给会员一杯 1 元中杯美式或拿铁。此外，肯德基还推出了 666 神卡，针对的是喜欢鸡翅、鸡米花、甜品等零食的顾客。

办理肯德基会员卡每月虽然要交纳数十元的会费，但是一年下来可以节省一两千元的消费金额，会员在反复消费的过程中，消费习惯和消费黏性就形成了。肯德基承包了会员的早餐、午餐、下午茶、咖啡，得以拴住顾客的胃口和钱包。当顾客对肯德基品牌形成认同后，肯德基的会员留存及持续付费自然不在话下。

（3）新增用户社交电商业务，激活用户附加消费，形成新的营收增长点

肯德基利用线上 App，搭建起交易商城，开设新社交电商业务，进一步挖掘会员的付费潜力，为肯德基创造新的营收增长点。会员用积分不仅可以兑换肯德基的餐点，更能兑换其他各类商品。

2018 年，社交电商软件火了，肯德基也适时试水社交电商。肯德基先是借鉴了“连咖啡”等互联网品牌的玩法，试水低价拼团。随后，肯德基上线小程序“肯德基口袋炸鸡店”，用户可以在小程序中自由开店，将店里的肯德基特价餐品售卖出去之后，店主就可以获得相应奖励。

除了利用虚拟店铺的游戏规则来吸引会员之外，肯德基还邀请明星来搭建“明星店铺”，并在店里与粉丝互动，吸引粉丝会员注册加入。借助品牌自身在全国扎实的用户基数，还有明星的加持，口袋炸鸡店的裂变效应成倍扩张。

2019 年，肯德基将会员积分转化为虚拟货币 V 金，基于庞大的线上付费会员流量，在肯德基 App 上开放了 V 金商城。目前，肯德基 V

金商城的商品包括居家餐厨、鲜果美食、美妆个护、潮玩周边、婴童天地等多个类目。肯德基的商品选品注重对年轻人的吸引力，如在“潮玩周边”类目下，漫威、迪士尼、精灵宝可梦等热门 IP 的周边产品均有销售。同时，商场潮玩周边板块也是肯德基发售自家周边玩具的阵地。

短短 5 年，肯德基会员从 0 增长到 1.6 亿人；会员留存策略从简单的会员积分奖励兑换制度，到精准营销定制化会员权益包，再升级到设计虚拟货币机制、搭建线上电商平台、增强会员社交，每一步都在不断顺应这个时代，快速迭代升级。肯德基成功的用户留存经验，值得其他连锁餐饮企业借鉴。

案例 4：QQ 音乐如何激发超级用户价值

我国的在线音乐产业已经走过 10 多个年头。2002 年，百度上线 MP3 搜索业务，这被认为是国内在线音乐产业的发端。2005 年，QQ 音乐上线，优化了用户搜索音乐和播放收听在线音乐的体验。2006 年成立的虾米音乐，更是推出了线上原创音乐版权的新商业模式。2007 年，小众长尾音乐分享社交平台 SongTaste 上线，让喜欢小众独立音乐的用户在平台上分享、推荐自己喜欢的音乐，来实现音乐社交。

多家在线音乐平台的成立，使用户在线听歌与下载歌曲越来越方便。随之引发了音乐版权的问题，当时由于版权保护制度不完善，在线音乐平台很少向音乐出品方和音乐人支付版权费用，用户能够免费收听或下载歌曲，是因为音乐平台主要的收益来源是商品、游戏等的广告收入。

2009 年，原文化部发布《关于加强和改进网络音乐内容审查工作的通知》，加强网络音乐知识产权的保护，规范网络音乐市场。监管方也加大了平台版权费用的收取力度，各在线音乐平台找不到快速变现的、持续发展的商业模式，也无法支付高额运营成本，相继关闭。2015 年，国家版权局出台严格版权令，未授权音乐产品纷纷下架。在线音乐版权保护力度加大，获取音乐版权成为各在线音乐平台必须面对的问题。

在这样的产业发展背景下，在线音乐也经历了大规模整合，形成了拼资源、拼资金争夺音乐版权的市场格局。腾讯音乐凭借腾讯集团的实力，经过不断的整合，最终成为国内头部在线音乐平台。

2020 年 3 月 17 日，腾讯音乐娱乐集团发布了截至 2019 年 12 月 31 日第四季度未经审计财务报告。2019 年第四季度，腾讯音乐娱乐集团总营收 72. 9 亿元，同比增长 35. 1%，环比增长 12. 1%，实现营业利润 12. 0 亿元，归属于公司股东净利润 10. 4 亿元，非国际财务报告准则下归属于公司股东净利润 13. 4 亿元。

2019 年第四季度，腾讯音乐娱乐集团在线音乐付费用户累计达到 3990 万人，环比净增加 450 万人，这是自 2016 年以来最大的环比净增长数据。2019 年第四季度在线音乐的用户留存率提高，每个付费用户平均收益环比上升 4. 5%，这个数据说明腾讯音乐的在线音乐付费用户持续增长，符合腾讯音乐之前提出的“付费流媒体模式”战略转型预期。

作为腾讯音乐的一个平台产品，QQ 音乐付费用户留存策略如图 8-4所示。

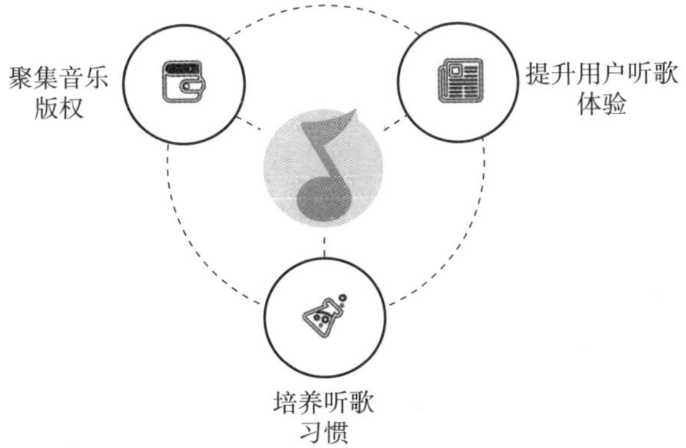

图 8-4　QQ 音乐的用户留存策略

首先，音乐版权的高度聚集。据统计，截至 2019 年 3 月 31 日，腾讯音乐的音乐库收录了超过 3500 万首来自国内外唱片公司的歌曲，比 2018 年歌曲数量增加了 500 万首。目前，腾讯占有中国总曲库歌曲的 90%，占中国音乐版权市场份额达 70%以上。在华语版权方面，腾讯拥有杰威尔、福茂、乐华、英皇等的音乐版权；在欧美版权方面，腾讯先后签下了华纳、索尼和环球，包揽了全球三大唱片公司在大陆的独家版权，这三家公司占据了全球近 70%的流媒体音乐市场份额。版权的高度聚集，使得腾讯音乐拥有更多音乐付费定价权。

同时，国家的监管也促进了版权市场的健康发展。为了防止各平台争相竞拍音乐版权，哄抬价格扰乱市场，2017 年国家版权局先后约谈各头部在线音乐服务商及 20 余家唱片公司，要求市场避免对独家版权的双向授予或采购，促使平台间版权互授，从而促成了 QQ 音乐和网易云音乐的合作，实现 99%的版权共享，仅留 1%的独家差异化竞争的形式。这种政府调控，既能够规范音乐版权的合理定价，又有利于促进各在线音乐平台达成版权共享合作，将更多精力放在与唱片公司联合生产更多好音乐，而非垄断音乐版权上。

虽然 QQ 音乐拥有的 1%的独家版权歌曲仅为十几万首，但都是核心曲库，具有强烈吸引用户的能力，1%量级仍能构成在线音乐平台的竞争壁垒。

在用户逐渐聚集到在线音乐平台的趋势下，很多歌手也开始尝试发行非实体专辑，这意味着只有在版权持有方的音乐平台上才能购买到非实体音乐新专辑。大牌歌手的电子音乐专辑的费用一般在 20 元左右，单曲在 2~3 元，价格相对实体专辑要亲民得多。

其次，对用户付费听歌习惯的培养。据 QQ 音乐年报，2019 年，在线音乐的用户付费收入是腾讯音乐集团的主要收入来源，但在线音乐付费用户仅占 6. 2%，贡献收入占集团总收入的 29. 36%。在线音乐付费营收还有很大的激活转化空间。

除了用户在线音乐付费收入外，QQ 音乐还有社交娱乐收入。这部分收入占 QQ 音乐 2019 年营收的 70%以上。QQ 音乐的社交娱乐服务及其他服务还包括直播、在线 K 歌、音乐相关产品销售等。

据《腾讯传》记载，QQ 盈利的来源是付费社交会员，不同会员级别享受不同的特权，其中绿钻贵族享有音乐特权。多年前，腾讯推出绿钻音乐会员，是承受了很大的压力的。当年还是免费在线听歌的时代，用户既然可以听免费音乐，为什么又要去付费呢？但随着音乐版权正规化发展与运营，腾讯对付费音乐会员推出各类虚拟卡通角色、虚拟装饰、界面皮肤等周边产品，这个特权开始步入正轨，付费会员数量迅速增加，最终发展到盈利。

如今的 QQ 音乐集团早已拥有庞大的绿钻付费用户。绿钻会员在腾讯音乐上享受各种非会员无法享受的服务和权限，会员持续付费又反哺了腾讯音乐的社交娱乐收入，形成了良性用户留存价值循环。

绿钻会员早已经被培养成为付费音乐的忠实用户，QQ 音乐需要做的就是推陈出新，让绿钻会员享受到更多、更新的高质量会员服务。

最后，提升用户听歌体验。2019 年，腾讯音乐社交娱乐收入的增长，主要得益于以音乐为中心的直播业务增长及在线 K 歌（全民 K 歌）收入的增长。据用户体验报告反馈，相比其他在线 K 歌软件，全民 K 歌在修音效果、互动体验激励系统等用户体验设计上，更容易让用户产生黏性。用户通过全民 K 歌录制的歌曲更动听，更容易赢得其他听众的积极反馈，会持续使用。同时，直播 K 歌让用户体会到“出道”的感觉，围绕音乐才艺展示的直播也让 QQ 音乐拥有了直播打赏分成这一收入来源。

因此，我们可以看到 QQ 音乐是一个靠优质内容服务来留住用户的平台，留住用户的途径主要是优质的音乐及社交娱乐内容。这里我列举几个 QQ 音乐在提升内容质量上的用户价值转化项目。

2019 年，腾讯音乐通过与更多国内外唱片公司建立深度战略合作伙伴关系，拓展了腾讯音乐曲库，并增加了更多短视频、音乐类综艺节目、长音频以及电影、游戏和文学制作的优质原声音乐内容。目前，公司曲库已覆盖2019年所有头部综艺节目以及大部分影视OST版权。2020年，腾讯集团通过与阅文集团的战略合作协议，获得阅文集团网络文学内容库的授权，制作特定的有声书，从而覆盖更广泛的用户群体。

2019年腾讯音乐将“腾讯音乐人计划”升级，推出“亿元激励计划”，通过激励金和流量推广等方式，帮助入驻平台的优秀音乐人实现收益增长，此举受到更多新兴独立音乐人的欢迎。2019年，得益于该计划，平台的音乐人和原创作品数量大幅增加。

2018年10月9日，QQ音乐独家上线一档新原创音乐类电台脱口秀直播节目《见面吧！电台》，该节目以“新歌始发站，好听让你看”的核心概念，创新地采用“可视电台”的节目模式，来探索不一样的音乐社交互动方式，打造音乐互动宣发的新形态。节目在北京世贸天阶打造实景透明演播厅，通过售票的形式，实现观众与舞台、粉丝与明星的“零距离”接触。QQ音乐用户及明星粉丝都希望音乐不仅能畅快地“听”，更能身临其境地“看”明星如何现场演绎音乐。QQ音乐抓住年轻用户群体的这一需求，在音乐互动节目中进行了一次全新跨界尝试。用户既可以通过QQ音乐平台边听边看，进行线上点赞、刷弹幕、竞猜等，也能在全透明演播厅与明星邂逅并参与互动。

2019年，腾讯提出了泛娱乐战略，将娱乐项目上下游链条整合打造成为产业生态，而QQ音乐也全面布局“音乐版权+音乐付费+娱乐社交”，从在线音乐平台发展成为以音乐为核心的泛娱乐平台，利用线上线下用户音乐社交，进一步激活用户价值转化。

案例5：中年大叔玩Cosplay，携程如何留住年轻用户

说到Cosplay，“80后”“90后”的朋友不太陌生。Cosplay已存在

了很多年，其起源于动漫产业非常发达的日本，眼下风靡全世界，形成了庞大的 Cosplay 爱好者群体。

Cosplayer 怀着对动漫游戏各类角色的爱，将这些二次元角色的服装和配饰精心制作成为真人服饰，穿戴后模仿他们所热爱的角色的外貌、动作、神态与语言，努力突破“次元壁”，将动漫及游戏中的角色，带到现实世界中来。

现在我来介绍一位智慧中年大叔，他在新冠肺炎疫情期间毅然“放飞”自我，扮演了近 30 多个 Cosplay 角色，俨然成为 Cosplay 与直播界的网红。他用 4 个月走了 50 多座城市，完成了 25 场直播，这位大叔扮演过唐伯虎、李时珍、白娘子、包拯、曹操、孔子、海王波塞冬等；在穿戴角色服饰直播 Cosplay 的同时，又凭借着镜头前的海草舞、骑马舞、贯口、越剧、RAP 等不太专业的才艺表演，成为直播间和社交媒体上的“网红主播”。

这位新晋“网红 Cosplay 达人”就是携程创始人及董事长梁建章，他此举目的很明确，就是为携程的旅游、酒店等产品服务直播带货，同时留住携程大批年轻的用户。

携程是处在旅游产业链中游环节的在线旅行服务商（Online Travel Agency，OTA），主要商业模式是通过整合多种旅行内容供应商及各类特色自营旅游项目，为用户提供优质的旅行服务，主要赚取旅行项目代理中介费用及酒店、接车、旅游保险等特色旅游服务收益。在旅游服务市场中，携程无疑是中国 OTA 的元老。携程创立于 1999 年，总部在上海。2003 年 12 月，携程作为中国 OTA 第一股，在美国纳斯达克股票交易所上市。

进入 2020 年，突如其来的新冠肺炎疫情让用户在数月内终止了外出旅行的计划。疫情下，不仅大量旅行社倒闭，各类 OTA 平台也受到严重影响。中国旅游研究院公布的数据显示，2020 年清明假期，国内旅游接待总人数达 4325.4 万人次，同比减少 61.4%；实现旅游收入

82.6 亿元，同比减少 80.7%。

2020 年 5 月 29 日，携程公布第一季度未经审计的财务业绩。由于受到新冠肺炎疫情的严重负面影响，携程的净营业收入为 47 亿元，同比下降 42%，环比下降 43%。

作为一家线上服务平台，在疫情不可抗力、互联网红利增长减缓及线上用户获取成本日益走高的挑战下，携程急需在线上营销渠道上推陈出新，在获取新用户的同时，降低用户流失率。携程的用户留存策略如图 8-5所示。

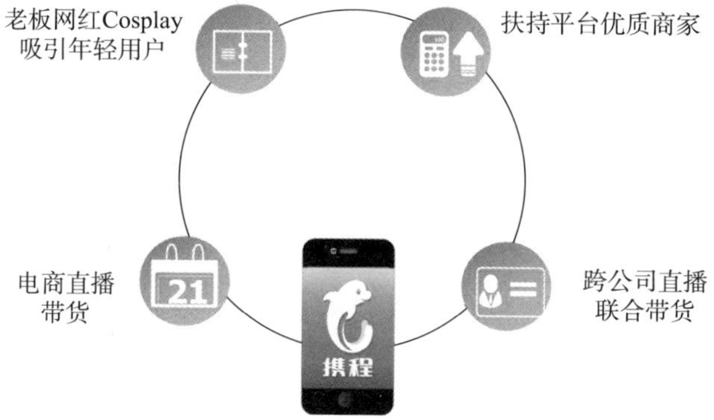

图 8-5　携程的用户留存策略

（1）电商直播带货

2020 年，在视频社交平台崛起、手机流量降费及政策鼓励等多种因素促进下，直播电商迅速兴起，并逐渐融入大众日常生活。通过直播展示带动的商品服务销售，其促进销量提高的效应是可观的。2020 年 11 月，全球知名市场调研公司尼尔森发布的《中国直播电商趋势解读报告》显示，2020 年我国直播电商规模达到 9610 亿元，占中国电商整体规模的 10%；电商直播的用户规模达到 2.65 亿人，已占直播用户的 47.3%。

直播成为各商家争先进入的新营销渠道，各类企业开始招纳直播文案、主播、控场等人员，组建直播团队；市场上也出现了一批网红经济运作企业（MCN），业务涵盖网红培养、文案编写、视频拍摄及直播策划落地等。这类企业在 2019—2020 年一度成为资本追逐的新细分行业赛道。

携程也顺势而为，走上了直播带货这条路。但与其他公司邀请网红主播不同的是，携程创始人梁建章博士亲自上场，为携程带货直播。

在携程推出的 BOSS 直播栏目中，梁建章为自己设定的目标是成为一位直播网红。从 2020 年起，梁建章以几乎每周更新的频率，上线直播带货。

（2）老板 Cosplay 吸引年轻用户

为了让直播更生动，能够吸引年轻的携程用户观看，携程 BOSS 直播每次都安排梁建章和助理女主播 Cosplay 成与主推产品相关的经典影视角色形象。在推广浙江安吉《卧虎藏龙》的拍摄地竹海旅游项目时，梁建章扮演成白娘子，顺利“出圈”了。媒体纷纷评论：携程梁建章为了救携程真是“拼”了。

随着人气的聚集，梁建章在直播间战场上也逐渐找到了自己的人设定位。没有人第一次直播时就完全放得开，据说梁建章刚开始直播，商业偶像包袱很难丢下，眼睛不看助理女主播，也不看镜头，介绍产品眼神游离，表情不自在，有点紧张和逃避。经历过几次直播考验后，梁建章将商业精英身份抛掉，精心设计各种经典角色形象，还在镜头前展示舞姿和歌喉，严格按照唱跳艺人的要求做全套唱跳动作。让梁建章坚持做 BOSS 直播的动力，是直播对携程用户留存及营收提高的明显效果。

携程发布的 2020 年第二季度财报（截至 2020 年 6 月 30 日）显示，梁建章直播团队带货成绩斐然，累计创造了超过 17 亿元的交易额，为境外高星酒店带货超 1 亿元。2020 年上半年，携程直播的观看人数累计超过 1 亿人次。直播间内新用户的占比超过 10%，复购 2 次以上的用户占比超过 60%。截至 2020 年 10 月，携程通过梁建章的 BOSS 直播栏目，创造了 18 亿元的商品交易总额（GMV）。

（3）扶持平台优质商家

除了推出 BOSS 直播的营销计划，携程在 2020 年新冠肺炎疫情期间还向旅游项目合作方投放实惠促销计划。2020 年 3 月，携程发布“复兴 V 计划”，宣布投入 10 亿元，补贴给优质合作商家，以推出优惠住宿、旅行服务的方式，减轻疫情对旅游行业的影响，吸引用户。

“复兴 V 计划”对行业复苏的拉动效应明显。计划开启仅两周，携程酒店的预售销量增长 2000%。例如，上海某酒店 3000 份预售套餐半小时被抢光，此后该酒店在携程陆续卖出近 7000 份套餐；苏州某民宿 5 天内售出近千份套餐，这家仅有 24 间房的网红民宿，此后 2 个月所有员工都要停休加班。

携程的直播和各类促销活动帮助公司找到了提高平台上酒店销量的出路。据年报数据，携程第二季度的净营业收入为 32 亿元，远超公司第一季度末给出的业绩预期目标；相比受疫情影响明显的第一季度，归属于携程集团股东的净亏损第二季度环比收窄 91.19%。两项业绩指标均好于市场预期。

2020 年第二季度，携程各业务线也都实现了不同程度的复苏。其中，住宿预订业务实现营业收入 13 亿元，环比上升 9%；商旅管理业务的恢复表现尤为突出，实现营业收入 1.62 亿元，环比增长 29%。

携程的业绩在全球旅游业中有目共睹。在“OTA 千亿美元俱乐部”中（2019 年末实现千亿美元左右 GMV 的 3 家跨国公司为携程、Booking、Expedia），2020 年第一季度携程的营收下滑幅度远超另外两家公司，而第二季度这种形势发生了大逆转——相比同业普遍在 80%以上的营收下滑，携程的业绩领跑整个 OTA 行业。

（4）跨公司直播联合带货

2020 年 10 月 28 日，携程 21 年店庆时，梁建章与京东 CEO 徐雷来了一场“京程直播”。在直播间里，梁建章和助理女主播分别扮演唐僧与白衣古装美女，徐总日常黑色休闲 T 恤出镜，两位 BOSS 在直播间主推“双 11”的产品，并合唱一曲《合作新征程》，当天平台 GMV 超 3.8 亿元，观看人数达 1974.1 万人。

把创始人打造成为公司人气第一的网红主播，靠主播的影响力和有趣装扮、唱跳表演吸引年轻的“90 后”“00 后”用户，聚集大量人气，提升销售业绩的用户留存营销策略，已被携程老板亲自验证有效。

案例 6：疫情下家装头部企业红星美凯龙的数字化用户留存策略

家装是以住宅为核心的装修装饰活动，包括装修材料选购、水电气管道铺设、家具家电购置、装饰品点缀等细分业务。随着技术升级、产业迭代，以及消费者在装修风格、装修时间、经费与效率上提出了更多要求，提供完整装修设计与实施方案，让消费者能够“拎包入住”的全屋整装服务，已成为家装服务商的主要业务。

装修是一项耗时数月的精细工程，整个装修周期从启动到入住，一般都需要半年左右。2020 年初暴发的新冠肺炎疫情，对线下家装活动影响很大。很多消费者的装修计划被迫中止。据统计，2020 年上半年，国内家居行业呈现整体下滑态势。社会消费品零售总额中，家居类同比下降 14.1%，建筑及装潢材料类同比下降 11.0%。家居细分类别中，建造施工及设计服务业营收下滑最为严重，仅有 6.4 亿元，较上半年同期下降 31.7%，毛利率也比 2019 年同期减少了 7.5%。

红星美凯龙是家装行业中的领军上市企业，主要通过经营和管理自营家装与委管商场，为“红星美凯龙”品牌家居装饰及家具商场的商户、消费者和合作方提供全面服务，是国内经营面积最大、商场数量最多、地域覆盖面最广的全国性家居商场运营商。

疫情令家装商场的消费者大幅度减少，也使入驻红星美凯龙实体家装商场的家装企业暂停营业。2020 年半年报显示，虽然出租率较高

(自营商场平均出租率为 90.2%，委管商场的平均出租率为 90.1%)，但因疫情暂停营业引发的租金减免、营收分成下降等原因，红星美凯龙的商场营收均有不同幅度的下降，自营商场的租赁及相关收入为 30.28 亿元，同比下降 23.4%，占营业收入的 50.3%；委管运营业务收入为 18.29 亿元，较上半年同期下降 15.4%。

虽然疫情给红星美凯龙的业务冲击比较大，但是 2020 年第二季度相比第一季度，公司业绩出现明显复苏趋势。财报显示，2020 年第二季度，红星美凯龙实现营收 34.68 亿元，环比增长 35.7%；综合毛利 24.20 亿元，环比增长 50.31%；扣非后归母净利润 4.96 亿元，环比增长 142.1%。经营性现金流净流入增长更加明显，第二季度经营性现金流净流入 21.26 亿元，而第一季度仅为 10.60 亿元。

红星美凯龙的业绩提振，一方面是由于国内疫情形势明显缓和，家装市场和工程有所恢复；另一方面得益于公司积极布局数字化转型业务，快速适应家装市场新发展趋势及客户的新需求。

红星美凯龙的用户留存策略如图 8-6 所示。

图 8-6 红星美凯龙的用户留存策略

(1) 战略调整

2019 年，红星美凯龙制定了“新零售变革增强主业竞争力，家装业务打造第二增长曲线”的战略。2020 年，红星美凯龙将家装服务提高到第一业务的地位，由传统的家居卖场转变为“家居家装一体化供应链整合服务商”。

在 2020 年疫情造成的艰难时期，红星美凯龙对各合作商、商场入驻客户提出了“1+1+1”的行业自救模式，包括：红星美凯龙自营商场免租 1 个月，工厂出台相应的产品政策帮扶 1 个月，经销商自救 1 个月，帮助这些客户降低疫情带来的影响。

（2）“互联网+电商”转型

2019 年，红星美凯龙与“新零售”领军企业阿里巴巴签署了战略合作协议，旨在将阿里巴巴新零售领域先进的经营理念与技术支持引入线上线下一体化平台，并进一步推动公司的泛家居消费产业链服务。

借助阿里巴巴天猫的流量和电商渠道运营能力，红星美凯龙将线上流量引入线下商场，帮助商户提高经营效率，强化品牌商户对新零售、新工具的认同，进一步增加商户黏性。

截至 2020 年 6 月 30 日，红星美凯龙与阿里巴巴融合的同城站业务已累计在 22 个城市上线，覆盖 56 个美凯龙商场和 9800 余个品牌，并将进一步拓展和深化，通过“同城站+卖场数字化”流量打通，推动家居行业的新零售数字化转型。

（3）直播电商新营销

从 2020 年 2 月开始，红星美凯龙加速布局直播营销赛道。2020 年 3 月底，红星美凯龙启动“头号卖家”星直播大赛，从全国的家居卖场数万名员工中挖掘优秀主播。2020 年上半年，红星美凯龙依托 5000 位家装家居专业主播，构建了覆盖家装全周期的直播营销矩阵。2020 年 1—6 月，公司已累计直播 46000 多场。

2020 年 9 月 23 日晚，红星美凯龙联合央视网推出“人人都爱中国造”之红星美凯龙惊喜狂欢夜直播专场，由央视知名主持人“直播天团”主播，邀请了众多知名演员和企业家共同助阵，此次活动也是红星美凯龙董事长车建新的直播首秀。

为了更好地展现直播推荐的家居产品，让消费者能够对产品形态、尺寸有更清晰的认知，红星美凯龙以1∶1的比例实景搭建了超400平方米的沉浸式体验直播间，按照功能搭配出一个6室3厅超豪华大平层样板间，卧室、客厅、衣帽间等一应俱全，打造出步入式的沉浸家居体验效果。3.5小时的直播锁定销售额1.8亿元，并通过直播间售券为红星美凯龙天猫狂欢家装节精准留存了10.6万个客户。

（4）线上家装解决方案平台——“设计云”

为了解决家装服务线上交付，实现数字化转型，提升消费者家装服务体验，红星美凯龙自主开发了设计云应用。设计云是一款专为室内设计量身打造的高品质家装设计系统，致力于打通从家装家居3D云设计到购买环节，实现设计方案等于购买方案的无缝衔接。

2018年11月，设计云1.0版本正式发布。设计云以3D云设计为入口，通过商品模型与最小存货单位（SKU）打通，装修公司、导购、设计师可以进行全屋设计，并生成720°全景图分享给消费者，实现消费者、设计师、渠道商、品牌商与产品导购的全链路打通。设计云团队给予消费者“所见即所得”的购物体验，并且通过设计云软件可实现获取报价、一键式下单，解决家装效果图与实际效果差异巨大的痛点。

设计云独特的供应链整合能力助力公司实现了家居建材全产业链“一条龙”服务，满足了消费者全案家装需求。

（5）社群营销——私域流量转化

截至2020年6月30日，红星美凯龙已覆盖全国348万精准家装用户，并建立了20677个中高端楼盘业主群，在微信群中经营客户私域流量。

2020年上半年，红星美凯龙社群营销凭借高复购率、高转化率特性，大幅提升了家装家居客户人均消费总额，社群内客户比非社群消费额提高39%；社群为公司各类市场活动引流超过55.6万人。私域流量精细运营，让红星美凯龙与消费者形成利益共同体，逐步解决了社群运营精准客户流量获取难、流量成本高、流量转化营收效率低的营销痛点。

2020 年 9 月，红星美凯龙发布《2020 疫情时代中国家装需求白皮书》，通过线上线下途径，收集了来自全国各地的 3672 份有效数据，从中挖掘出疫情对消费者的影响。调查表明，经历疫情后，93.12%的受访消费者更加关注居家健康。92.65%的消费者认为家庭装修和健康关系“非常紧密”或“比较紧密”，62.88%的消费者增加了装修预算。

作为家装服务界领军企业，红星美凯龙在疫情前后积极采用数字化转型用户留存策略，此举值得家居行业其他商家参考。

案例 7：全球第二大零售商的利润竟是会员费

全球知名零售商开市客（Costco）1983 年成立于美国华盛顿州，公司以仓储式综合大卖场为主要业态，为全球顾客提供低价、优质的精选商品。2019 年，开市客营业收入为 779.46 亿美元，营业利润为 47.65 亿美元。根据 2019 年德勤《全球零售业力量》报告，开市客已成为全球第二大零售商（目前全球第一大零售商是沃尔玛）。

创立至今，开市客始终以向顾客提供优质低价的商品与周到的购物服务为经营之本。公司的定价方案是商品销售利润率不超过 14%。开市客的低价策略，与沃尔玛、家乐福等传统卖场有明显差异，后者主要以获取商品进销差价为盈利来源。据统计，家乐福销售收入对营业利润贡献率达 97%。

定价低，开市客如何赚钱呢？公司主要通过压低进货成本，推出大包装规格产品提高顾客单次购买量来保证公司盈利。开市客的商品销售利润率也远低于仓储式卖场同行竞争者沃尔玛（25.14%）、家乐福（22.14%）等超市企业，相较于国内的永辉超市（19.98%），开市客的商品毛利率也不高。

实际上，商品销售收入并不是开市客的主要盈利来源。根据 2019 年财报，开市客产品销售对营业利润的贡献仅占公司全年总利润的 29.73%，而会员费收入占利润比例高达 70.27%。1982 年，开市客推出会员制度，截至 2019 财年末，公司会员数量增长到 9850 万人，其中付费会员 5390 万人。开市客会员体系按照用户群体分为 2C 个人会员和 2B 商业会员。商场根据返点权益将会员卡细分为普通卡和具有返点权益的精英卡 2 种会员卡。

据统计，开市客会员续费率常年保持在 90%左右，其中北美地区的续费率为 91%，全球平均续费率为 88%。会员存续率高，体现出开市客付费会员留存经营策略的成功。

开市客的用户留存策略如图 8-7 所示。

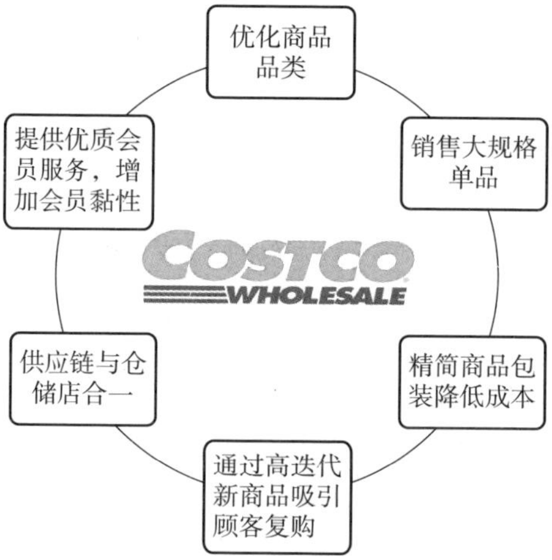

图 8-7　开市客的用户留存策略

（1）通过优化商品品类（SKU）来提升商品品质

开市客单店面积一般为 1.5 万平方米，售卖产品种类包括食品、生鲜、饮料酒品、钻石珠宝、化妆品、3C 家电、汽车及维修保养等，涵盖顾客衣食住行的全部需求。开市客单店产品 SKU 约为 3800 个，同一类型产品仅提供 2~3 种产品选择；相比之下，门店面积在 1.5 万~1.6

万平方米的沃尔玛与家乐福，SKU 分别达 30000 个及 40000 个，沃尔玛、大润发等超市为顾客提供的同一品类的产品选择达数十种。相较于同等门店规模的大卖场，开市客明显减少了商品 SKU 数量，降低了商品品类的维护及供应链成本，也为会员顾客节省了产品挑选时间，提高了顾客的消费体验。

（2）通过销售大规格的商品来提量降价

开市客为顾客提供同类产品的选择减少，营收目标对卖场商品的销售额要求就会更高。开市客以畅销精选单品为选品目标，通过大包装商品来提升商品销售额，塑造单品规模优势。根据测算，开市客的单店单品销售额为 333680 美元，远高于沃尔玛（12400 美元）的单品销售额。传统商超通过门店扩张，增加商品种类等规模化策略来提升市场份额，而开市客借助畅销精选商品，通过提升顾客单次购物量来实现销售增长目标。

同时，开市客与供应商的双赢合作，更好地满足了核心会员顾客的需求。根据顾客的消费习惯、品牌偏好、产品偏好，开市客对商品进行细分；针对目标消费者需求，与品牌商、制造商长期绑定式合作，其中不乏施华洛世奇、新秀丽、李维斯等知名品牌。除提供标准化产品来满足顾客外，各品牌商、制造商还联合开市客，为会员提供限定专供款。同时，开市客对产品品质的高要求，进一步促进供应链效率的提升。与上游供货商的高效合作，提高了店内各商品的品质，更能吸引顾客群体，也为开市客赢得了品牌效应。

（3）通过精简商品包装以降低价格成本

开市客采用大包装运输与售卖商品，并减少商品无附加值的过度包装，以降低包装成本。同时，产品采用标准化机械作业，减少人工拆分装成本。在仓储方面，品类少、数量大的存货可以进行统一管理，大包装商品也容易运输卸载，降低仓储管理费用。开市客从产品端降低无效成本，有利于卖场维持产品的价格竞争优势。同时，简约的大包装商品，有利于打通低毛利、高周转的“薄利多销”盈利模式，并形成良性售卖循环。

2019 年 8 月，上海首家开市客开门营业就利用“爆款产品”策略获取了大量的会员顾客。上海开市客开业酬宾期间，为中国顾客提供零售价格为 1498 元的贵州茅台，远低于茅台酒市场流通价格（2500 元左右）。消费者为了购买便宜的茅台，彻夜排队办理会员卡。2019 年 10 月初，开业后 1 个月，开市客上海会员人数已达 20 万人，创下开市客开业 35 年来的会员增长速度新纪录。

（4）通过高迭代新商品来吸引顾客复购

开市客在 2018 年存货周转率达 11.8%，高于欧美和中国领军商超企业。开市客商品周转非常高效，商品从上架到变现只需要 1 个月。因产品更新换代快，经常光顾开市客的顾客都知道，在商场入口位置，通常摆放高折扣的电子产品、珠宝、奢侈品，或是日常必备的畅销款服装、儿童玩具等。这些门口陈列的商品，通常上架周期为 2～3 周，且许多畅销商品、应季商品只进货一次。公司通过不断更新产品，培养顾客“时常”到店寻宝的消费偏好。

此外，开市客还会通过推出爆款产品，实现营销传播效应，吸引消费者关注，提高顾客的付费转化率。例如，2014 年，美国开市客推出了一款 2.36 米高的大熊布偶，这款超大超萌的熊布偶迅速成为开市客“网红”单品，顾客纷纷到店打卡拍照。熊布偶为门店带来高客流量的同时，也带动大卖场内食品、日用品和家居用品等的消费。开市客成功利用畅销单品所带来的客流量，提升顾客付费转化率。

（5）供应链与仓储店降低运营与获客成本

店仓一体

开市客以 Warehouses（仓库）命名门店，是因为相较于传统门店，开市客门店更像是仓库。开市客的门店内部装修简单，节省了高额的装修费用和后期维护费用。

自有远郊门店

与位于核心商圈的家乐福、沃尔玛等商超不同，开市客门店位于土地价格低的远郊。虽然单个店仓占地面积较大，但总体租金费用较低。此外，开市客自有门店比重较高。截至 2019 财年末，公司共拥有门店 782 家，其中自有门店 620 家，租赁门店 162 家，分别占比 79.28%、20.72%。公司自有门店数量高，租金费用可控，经营管理费用较低。

简化物流环节

开市客简化商品流转环节。传统多层级物流环节为生产制造商——二级经销商—中央仓—门店仓库—上架分拆；开市客物流环节为生产制造商—中央仓—仓储门店，或生产制造商—仓储门店。产品到消费者中间环节减少，提高了产品周转效率，并降低了传统多层级物流流通成本。同时，门店内货架兼具仓储功能，部分商品直接上架，去掉仓库储藏环节。

（6）提供优质会员服务巩固会员黏性

开市客为会员提供周到的会员专属服务，并以不同级别的会员专属权益提升会员体验。卖场为顾客提供了细心周到的生活服务，例如，车辆的买卖与咨询、轮胎更换与加油、车险和其他保险、验光配镜中心和听力中心等。开市客的会员可以免费订阅彩色会员杂志 *Costco Connection*，通过该杂志，会员可了解最新的开市客产品与促销活动信息，了解开市客的门店动态，并且反馈各种会员需求。高级会员还享受返现权益，消费金额按 2%抵销会费支出，高返现机制激发了顾客升级会员的意愿。

同时，卖场用无限期退货服务来赢得顾客。大部分超市不允许顾客退换生鲜类食品，而开市客对此并没有限制。在开市客，唯一的例外是电子产品，退换期限是 90 天内。其他产品只要顾客不满意，开市客将无理由提供免费退换货服务。此外，会员可以申请无条件退还会员卡，并得到部分退款。公司宽松的退换货制度深入人心，在维护顾客的同时，还能了解产品质量和消费者偏好。

会员卡如同一张自助餐入场券，当顾客成为开市客付费会员后，就进入了“自助餐”模式。顾客每次光顾开市客仓储超市，都会尽可能多地购买优质实惠的商品，心里想着争取赚回会员费，从而产生自助餐效应——购买越多，“会员票价越有价值”。据统计，开市客消费者人均消费额超1500美元，顾客在店内开销金额远超他们支付的会员费。

开市客模式得到全球市场的认可，全球扩张步伐持续。截至2019财年，公司共有782家门店遍布全球11个国家，全球Costco会员超过9850万人。目前开市客已在加拿大、墨西哥、英国、日本、韩国、中国台湾、澳大利亚、西班牙、法国、冰岛等国家和地区开设门店，海外门店数量达239家，营业规模达409.52亿美元，海外营业额占总营收比重为26.82%。2010—2019年，开市客海外营收复合增长率达8.38%，超过美国本土市场收入增长率（6.48%）。在全球市场，开市客会员留存运营模式的有效性正不断被市场印证。

案例8：中国软件及信息服务巨头中软国际的创新用户留存之道

中软国际公司成立于2000年，总部位于北京；2003年公司在香港创业板上市，2008年登陆香港主板（8216.HK）。2001年，中软国际与中国电子信息产业集团（CEC）联合组建中国电子政务研究中心，致力于推动电子政务信息化进程。

发展至今，中软国际已成为国内规模最大的软件与信息技术服务企业，可为企业客户提供全球化的软件与信息服务。信息技术研究和顾问公司高德纳（Gartner）于2019年上半年发布了《市场份额：2018年全球

IT 服务》，对全球 IT 服务供应商按市场份额进行排名，中软国际是中国唯一进入 Top100 的纯软件服务公司，与中国电信、华为、阿里巴巴一同成为 Top100 中仅有的四家中国企业。根据公司经营报告，2018 年中软国际全年营收为 105.85 亿元，同比增长 14.5%；2019 年 1—6 月，公司半年营收达 55.35 亿元，同比增长 15.0%。

经过近 20 年的经营积累，中软国际凭借其应用开发与企业数字化转型服务，赢得了包括华为、中国建设银行、中国平安、腾讯、阿里巴巴、百度、微软等企业在内的上亿美元合作大客户，并成功打造了中小软件与信息技术外包企业的线上合作生态平台——“解放号”，集聚数万家外包合作中小企业，以提升公司在 IT 服务生态中的用户留存竞争力。

作为行业领军企业，中软国际在用户留存上有哪些值得借鉴的经验策略？如图 8-8 所示。

图 8-8　中软国际用户留存策略

（1）以客户为核心的“服务意识”及服务型公司定位

从 2000 年成立之初，中软国际创始人就将公司定位为服务型公司而非 IT 技术企业，公司的服务能力和资源优势主要集中在软件及信息化服务上。为客户提供好的服务体验，是中软国际拓展业务与建立合作的本源初心。中软国际深知持续为客户提供优质服务对公司营收的重要性。2019 年的财报显示，公司技术专业服务集团收入和服务型收入分别同比增长 17.8%和 18%，主要来自华为、腾讯、阿里巴巴以及平安集团等核心用户。

随着专业服务经验与资源的积累，中软国际发展至今，从承接 IT 劳务外包服务发展为提供软件解决方案的 IT 服务公司；未来中软国际将为企业客户提供更全面的软件与信息技术全案咨询服务。中软国际不断提升公司业务服务及交付能力，都是基于帮助客户降本增效、改善公司经营的需求。中软国际要求从高层到一线人员都要有客户服务意识，并将这种服务意识从公司整体战略贯彻到不同部门工作协同及各项工作计划落地过程中。

2018 年中软国际在北京总部成立创新中心，主要打通高层管理与业务执行部门之间的信息通道，强化沟通，推进公司信息扁平化；同时，通过创新中心对项目交付团队赋能，让公司发展方向与业务更紧密结合，提升业务跨部门协同交付服务的敏捷性和专业性，通过更好的客户服务，提高企业客户的留存率。

（2）用云智能技术创新，提升客户体验，与客户达成深层次的合作

从 2015 年起，公司将主营业务划分为 TRG（技术和专业服务集团）和 IIG（互联网 IT 服务集团）。前者主要服务于大客户，为传统业务；后者为创新业务，主要通过“解放号”服务平台，以服务众包的形式，为中小微客户提供软件外包、云运营等服务。

公司以“基石+云智能业务”架构实现业务战略转型，打造企业客户服务闭环。中软国际的业务战略转型主要包括两个方向：以技术服务及软件解决方案业务为基石，将多年沉淀的方法、经验转化为工具类产品；以云智能业务为转型方向，借助公司搭建的服务合作生态平台及中软国际 IP 影响力，实现客户业绩的快速增长。公司提出的云智能业务除了平台类业务外，还构建了“全栈式”云服务：基于华为云和微软云，提供数据即服务 DaaS（Date as a Server）层的数据中台、平台即服

务 PaaS 层（Platform as a Server）的开发工具、软件即服务 SaaS（Software as a Server）和云化的解决方案（提供的多款产品入选华为严选商场），配套咨询驱动的云管理服务。中软国际用该服务产品体系来挖掘企业数字化及云服务转型带来的新业务机遇。

中软国际在服务华为等大客户的同时，也在积极推进 IT 服务及与客户的各项战略合作，共同促进整个软件及信息服务市场的生态发展。公司与华为联合构建互联网信息技术服务平台，以更好地把握技术变革，提高产业效率，促进制造企业数字化转型升级，为客户提供“多、快、好、省”的信息技术服务。

同时，中软国际结合各地软件基地的服务能力，携手华为共同打造了云上软件园。云上软件园依托于华为云，为园区和开发企业提供软件开发全过程服务、线上软件店铺等线上线下全方位服务。除了已经落地南京软件谷的中软国际—华为云创新中心项目，更多云上软件园将于未来逐步落地全国各地。2019 年 12 月 17 日，中软国际进入首批华为鲲鹏凌云伙伴计划（华为云围绕鲲鹏云服务，包括公有云、私有云、混合云及桌面云所推出的一项合作伙伴计划），合作方基于各自优势资源及能力，整合国内现有芯片、软件、终端等产业资源，建设数字经济产业高地。

（3）搭建“解放号”平台，构建公司生态服务能力

2015 年 6 月 19 日，中软国际将旗下的 IT 服务众包平台“解放号”（Joint Force 平台）正式投入商用。解放号是面向 IT 服务领域的互联网平台，基于社会化协作、共享的原理，为有中短期 IT 服务需求的客户，有提供服务意愿的企业、团队和个人提供一个供需、工作、交流、资源共享的平台。解放号平台上聚集了大批优质的软件企业和工程师、资深业内专家，他们通过解放号达成合作，为有软件需求的政府、企业甚至个人提供服务。

解放号为中软国际平台化战略的核心载体。中国 IT 服务市场高度

分散，约 80%为小型企业，且线下软件开发服务在需求匹配度、交付进度、服务质量等方面难以把控。中软国际基于传统软件外包业务所积累的技术服务能力及 IT 资源，以解放号为平台，集聚大量中小 IT 服务外包企业，并利用品牌背书来获取业务。中软国际利用解放号平台，推动软件开发供求双方在线上快速对接；同时，平台引入项目过程透明化、软件资产管理等工具，力求实现软件服务质量的全流程把控。

解放号平台已成为中国领军软件在线交易平台之一。截至 2019 年 6 月，平台已经会聚 43 万个工程师、2. 5 万家服务商和超过 5. 7 万家发包企业，累计发包额近 50 亿元。2018 年解放号上线的连接政府需求的“云集”业务，被各地政府认可、推广。截至 2020 年，解放号云集业务已签约超过 15 个国内城市，主要面向政府限额以下采购单位、政府大预算单位、大型信息化建设企业，基于中软国际的管理实践和工具，提供立项咨询、采购交易、供应商管理、数字监理等服务。2019 年 12 月 23 日，中软国际与重庆市政府达成战略合作协议，在重庆两江新区建立并运营解放号国际版平台，在开展传统软件服务外包业务的基础上，面向海外市场设立“一带一路”沿线国家联络处，利用解放号平台建立网上孵化器和加速器平台，助力中国软件企业“走出去”和国外软件企业“走进来”。项目还将通过解放号平台为两江新区内信息化项目提供技术管理咨询服务。

2019 年，解放号上线人力外包专区服务，主要解决在传统外包模式下，中小企业客户无法被满足的 4 类需求：毛利率低于 30%的需求、1 年以下驻场需求、两周内的紧急需求、人数少于 10 人的需求。同时，解放号平台为中小企业客户提供信用评级、定价、工程师简历解析、匹配、在线考试、面试、人员电子合同、社保工资代缴、在线考勤、工时结算与支付等功能。

作为国内最大的软件及信息服务企业，中软国际的用户留存本质在于公司及每个中软国际人的“客户服务”基因。中软国际不断借助专业服务及技术创新升级，加大对整个行业服务生态培育与资源链接平台的投入，以此提升客户购买服务体验。正如中软国际以客户为本的核心价值观体现的那样：奋斗为本、成就客户、创造分享及共同成长。其中，公司成就客户的方式是客户共建、客户共担、客户共驻。

案例 9：干了这杯养生黑枸杞拿铁——同仁堂的用户留存升级策略

第一财经网商业数据中心曾做过一个“90 后”健康状况调研，结果显示，超过 54%的受访者出现脱发、发量过少的问题，而超过 40%的人运动能力下降并过度肥胖，超过 30%的人有睡眠与肠胃亚健康问题。同时，调查还表明，90%以上的“90 后”年轻人已有养生意识。

快节奏、闲暇时间少，“90 后”需要“立竿见影”的养生效果。时下最受年轻人追捧的 3 类养生方式包括食补、运动及养生美容保健品。各类养生美容茶、枸杞及蜂蜜成为年轻人偏好的养生品，并由此衍生出各类新款养生食品，以迎合新的细分市场需求。新养生食品代表品种有咖啡、冲调饮料、麦片、坚果零食、营养特产及速食品等，这类食品特征是零食与饮料化、开封即食、0 脂 0 糖、添加健胃美肤等功能性成分。

养生保健食品的创新，顺应了消费者新的需求，也促进了保健食品行业市场的发展。据中商产业研究院统计数据，2016 年我国保健食品行业市场规模为 2613.3 亿元，2017 年的市场规模增长至 2938.9 亿元，同比增长 12.46%。根据行业发展趋势，2020 年我国保健食品行业市场规模估计突破了 4500 亿元。

同仁堂的用户留存策略如图 8-9 所示。

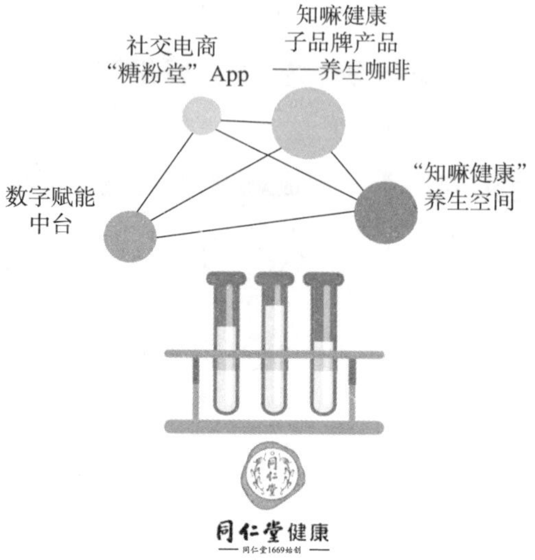

图 8-9　同仁堂的用户留存策略

（1）“知嘛健康”养生空间

为了抓住年轻人新养生市场，拥有 350 多年历史的中医药老字号北京同仁堂也将旗下的养生食品进行了转型升级，并推出全新的养生产品新零售品牌“知嘛健康”，更在北京陆续开业了几家知嘛健康实体体验店。同仁堂以“知嘛健康”为新品牌，围绕年轻顾客需求，研发了多款养生新产品、新服务。

走进知嘛健康线下体验店，顾客看到的不是中药铺内一排排整齐的黄黑色中药抽屉柜子，闻到的不是老药房里浓烈的中草药气味，品尝到的也不是一杯杯苦涩乌黑的药汤。知嘛健康线下新零售体验店被打造成充满青春、时尚与国潮元素的社交休闲空间。店内布置了金色装饰，灯光明亮，空气中弥漫着咖啡香气，作为装饰用的一排透明玻璃罐子里装着各种红绿青黄的中草药材，室内天花板的装饰品都由晒干的中草药编织而成。

2019 年，知嘛健康在北京大兴区开设零号店，定位为集“健康饮食+医馆+体验+社交文娱”于一体的城市休闲空间。零号店位于北京大兴生物医药基地，是一座独栋建筑，总面积近 5000 平方米。

零号店有三层。一层聚焦健康饮食，将药膳养生食材与现代食谱相结合，包括古膳厨房、茶饮坊、咖啡坊、红酒坊、烘焙坊五大功能区，面积在 2200 平方米左右。值得一提的是咖啡区，知嘛健康将中药材与咖啡搭配，精心研发了枸杞咖啡、益母草玫瑰咖啡、罗汉果美式咖啡等头牌产品，并在北京其他主打咖啡店的知嘛健康线下分店中作为网红食品推广。除了满足健康消费人群的健康饮食需求外，这层还设置了主打年轻化健康品牌的悦活力产品专区，满足大众的保健医药需求。顾客可以通过 24 小时不打烊无人售药机，购买自己所需的同仁堂保健药品。

第二层是保健医疗检测中心，知嘛健康推出中西医结合的四大环节保健服务：基因检测、量子检测、常规检测与中医检测。这层还设计了一条亚健康解决方案长廊，当顾客走过长廊的时候，检测中心通过对顾客健康数据的监测追踪与计算，能为亚健康人士提供关于膳食与保健运动的定制化方案。

第三层是延续同仁堂传统中医精髓的慢病调理医药馆。馆内设置了一座标志性的单面 18 米、双面 36 米的传统药斗柜，柜中放置了上千味中药材。传统药柜与现代吧台相结合，将时尚设计融入古老医馆。该层的健康 TED 直播区域，则会定期开展各种健康讲座。这层空间还有 4 间诊室、1 间化验室及 1 间自动煎药加工室。

（2）养生咖啡

同仁堂知嘛健康北京朝阳双井店是一个装修现代时尚的咖啡馆，店内四处摆放着不同形状规格的透明玻璃中草药罐，连天花板也是由一个个装着红色玫瑰、褐色陈皮等中药的小格子堆砌而成，充满复古、时尚的设计风格元素。

店里的招牌饮料“罗汉果美式”是用罗汉果熬汁与黑咖啡融合，罗汉果果汁颜色与咖啡棕褐色相近，口感甜蜜，气味微香，正好能中和咖啡的苦涩味；黑枸杞拿铁则是在拿铁咖啡中加入黑枸杞干磨成的粉末，喝起来有一股淡淡的枸杞香味；还有一系列年轻人喜闻乐见的养生药草茶和奶茶产品。这些招牌养生饮料包含了“90后”年轻顾客的养生关键词：“枸杞”“咖啡”“茶饮”“冲泡”“即食”等。

老字号同仁堂拥抱新零售，除了看中“90后”年轻顾客的中医养生保健市场之外，也是为了重振业绩。2019年，同仁堂的业绩走向拐点。同仁堂在2019年实现收入132.77亿元，同比下降6.65%；扣非归母净利润9.24亿元，同比下降7.74%。其中第四季度实现收入33.18亿元，同比下降11.08%；扣非归母净利润0.82亿元，同比降低50.18%，降幅较前三季度有所扩大。这是同仁堂近14年以来，首次出现业绩下滑。

同仁堂传统业务发展渐入瓶颈，大健康新零售与线下养生体验店成为创新升级的发力点。业态、产品与服务的升级，只是同仁堂知嘛健康发力的开始；融合大数据、人工智能及机器人等前沿科技的知嘛健康，正逐渐实现品牌年轻化，设计各类特色服务体验以留住年轻顾客。

2020年9月25日，智能机器人公司猎户星空正式发布了新一代机械臂咖啡机器人“智咖大师”。智咖大师机器人上岗同仁堂知嘛健康咖啡店，顾客可以请柜台后的智能机器人冲泡一杯定制的“秋季养生咖啡”。同时，围绕机器人咖啡师，知嘛健康咖啡店通过“朋克养生咖啡快闪活动”，结合年轻消费者的生活习惯和消费偏好，营造健康生活消费场景的沉浸式体验。

（3）社交电商“糖粉堂”App

为了减轻新冠肺炎疫情对线下门店经营的影响，知嘛健康在私域流量布局上，以微信生态、公众号、有赞商城为入口，并借助“人工用户运营+自动化”的方式提高运营效率，实现线上线下流量互相导入。

同时，同仁堂推出线上垂直领域社交电商“糖粉堂”，推动同仁堂粉丝流量转化为用户价值。糖粉堂App是同仁堂的官方粉丝社区平台，是同仁堂由传统企业向互联网转型的首款落地产品。同仁堂通过糖粉堂在粉丝中打造强社交关系，提供线上健康指导与服务，拓展销售链条，构建用户画像，激发顾客购买欲望。

（4）数字赋能中台

针对生产制造与营销平台的数字化转型，知嘛健康搭建了数字赋能技术中台，主要是对同仁堂大健康服务业务提供数字赋能。知嘛健康打造的双中台包括泛业务中台和数据中台，分别支持前端市场需求和贯通前中后台的经营运作。两个数字中台目标是增加同仁堂顾客黏性，提高业务运营效率，平衡供应和生产，打通产供销全链路，对产品线上线下全渠道提供技术支持。同时，零售平台推出“知嘛诊疗、知嘛导购”功能，赋能实体门店用户留存。

一杯滋阴养颜、提神醒脑的黑枸杞拿铁背后，是老字号同仁堂用户留存策略的数字化、品牌年轻化的创新升级，是提振集团业绩的创新战略的落地。这些创新的用户留存举措是否能为同仁堂实现新业绩的转化，这杯养生咖啡到底“功效如何”，让我们拭目以待。

案例 10：钉钉如何留住用户

钉钉于 2014 年 5 月成立，是阿里巴巴专为中小企业客户打造的服务于企业组织沟通管理的即时通信工具，目标是助力企业管理者提高工作沟通效率。钉钉的核心功能包括视频电话会议、商务电话、DING 消息工作提醒传递、消息已读未读显示与团队组建功能。

钉钉的用户主要是中小型企业。那些大型企业一般都会搭建公司内部的定制化线上经营系统，而中小企业由于成本人员投入不足，主要以采购标准化的企业管理系统来降本增效。中小企业占据我国企业总数的很大比例，这为钉钉的发展提供了广阔市场。据统计，2015 年末，全国工商部门登记的中小企业超过 2000 万家，个体工商户超过

5400 万户；我国中小企业提供 80%以上的城镇就业岗位，成为就业的主渠道。

此外，企业对智能移动办公软件的需求不断增加。据前瞻产业研究院数据，2018 年中国智能移动办公行业市场规模在 234 亿元左右，同比增长 20.8%。根据第一财经商业数据中心调查，截至 2018 年 4 月，在移动办公软件领域，钉钉活跃用户数排名第一，超过第二名至第十名活跃用户数的总和。

截至 2019 年 6 月 30 日，钉钉官方宣布软件 C 端用户已突破 2 亿个，B 端注册企业数量超过 1000 万家。据艾媒咨询数据，2020 年新春复工期间，中国开展远程办公的企业数量超过 1800 万家，注册用户超过 3 亿个。公开数据显示，2020 年 1 月 1 日至 2 月 21 日，钉钉日活跃用户从 2610 万人升至 1.5 亿人。

钉钉用户留存策略如图 8-10 所示。

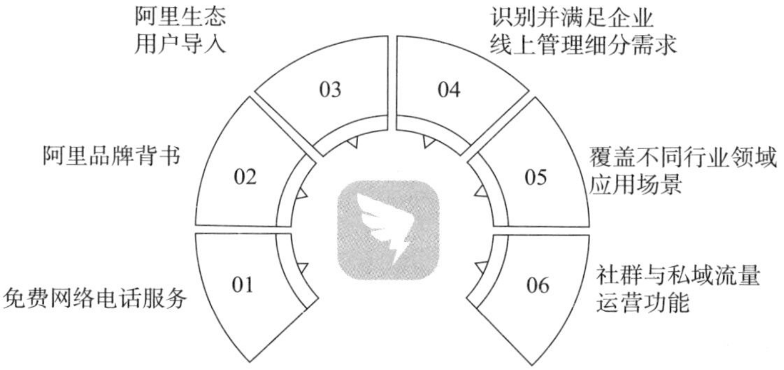

图 8-10　钉钉的用户留存策略

（1）免费网络电话服务

很多企业客户第一次使用钉钉是因为钉钉为企业提供免费的网络电话服务。软件刚上线时，钉钉为每一家注册企业的员工每月赠送600~1000 分钟免费网络电话服务。2015—2016 年，电话通信费还比较高，因此这项服务足够吸引并留住企业客户。即时通信软件的运营绩效用已在软件上注册的企业客户数来衡量是不太准确的，关键还是要看企业里实际使用软件的职员用户数量。2016 年，依靠阿里巴巴的力量，钉钉对外进行了快速扩张。首批使用钉钉“免费电话”的企业员工，主要是那些没有固定工位及公司座机电话的移动办公人士，如一线销售人员、物流快递人员等。正是凭借“免费电话”的功能，钉钉成功获取了大量注册企业及员工用户，实现用户数量持续快速增长。2016 年，工信部叫停了非运营商资质的所有免费通话服务，涉及的产品包括钉钉、易信、来电、企业微信、云之家等。不过，钉钉凭此服务已沉淀了大量用户。据统计，截至 2016 年 3 月 31 日，钉钉已覆盖 150 万家企业组织，其中不乏复星集团、优酷土豆、统一企业、汽车之家、分众传媒等中国优秀企业。

（2）阿里巴巴品牌背书

品牌背书是指某一品牌要素以某种方式出现在包装、标号或者产品外观上，但不直接作为品牌名称的一部分。通常，这一特殊的品牌要素是公司的品牌或标识。品牌背书战略让用户基于对品牌的信任快速接受新产品，产品产生的负面影响较小。孵化于阿里巴巴内部的钉钉在阿里巴巴品牌背书下，迅速收获了众多阿里巴巴平台上的中小微企业客户。

除了阿里巴巴，钉钉还邀请了一批意见领袖 CEO 做代言，其中包括前锤子手机创始人罗永浩、创新工场创始人李开复与滴滴创始人程维等。在 2017 年品牌发布会中，钉钉还邀请了原央视著名主持人、紫牛基金合伙人张泉灵，芬尼科技创始人宗毅等到场为钉钉代言。在知名意见领袖的“带货”背书下，钉钉成功进入了各企业客户视野，也增加了企业转化为钉钉客户的可能性。

（3）阿里巴巴生态用户导入

作为 B 端客户软件，钉钉早期注册的用户大部分是淘宝商家。当时，淘宝店数量已超过 600 万家，稍微大一点的淘宝店几乎都在使用钉钉；而钉钉也针对淘宝店店主的管理需求，开发出各应用场景功能，进一步引导更多淘宝商家使用钉钉。

例如，阿里巴巴旗下的数字营销平台阿里妈妈有一个商家培训社群“万堂书院”，该社群与商家的关系比较密切，会推荐参加培训的商家客户使用钉钉。为了吸引企业客户注册钉钉，万堂书院会给每个商家返还平均1000~2000元的培训直通车红包。另外，万堂书院与阿里巴巴的沟通主要在钉钉上完成，官方的一些培训活动也都是通过钉钉发布和线上举办。可以说，钉钉的首批启动注册用户，主要来源于阿里巴巴生态的商家导入。

（4）准确识别并满足企业线上管理细分需求

在企业线上管理软件竞争激烈的市场中，钉钉找到了差异化切入点。钉钉早期版本放弃个人社交入口，选择协同办公，即从B端企业沟通洽谈需求进入。企业管理者基于提升KPI、提高效率和生产力的需求，会在企业内部推广钉钉。钉钉解决了中小企业管理者的4个痛点。

痛点1：考勤打卡

通常，公司考勤打卡需要员工到公司插卡或用指纹识别机打卡。如果员工通勤时堵车，无法准时到达公司，即可以使用钉钉提前打卡（钉钉会自动定位打卡位置）。同时，员工出外勤时可以在外勤地点打卡、上传照片等。钉钉还推出了员工当月考勤月历，更直观地显示打卡情况。

痛点2：聊天阅读状态

钉钉推出了聊天信息阅读状态提醒功能。工作中，员工或领导可能会有比较紧急的事情，需要得到收信人的回复，如果收信人迟迟没有反馈，发信人就会不确定对方是否已查阅信息。钉钉推出该功能后，发信人就没有这种困扰了：文件是否已查收的状态会显示给发信人，并且已阅读的状态无法修改，这是微信无法做到的。

痛点3：“钉一下”功能

钉钉还推出了神奇的“钉一下”功能，如果对方不能及时阅读发信人的消息，发信人可以在钉钉上发送“钉一下”提醒，提示收信人有新信息需要查阅。

痛点 4：企业在线管理功能

钉钉免费为企业客户提供各类在线管理工具，包括组织构架管理、实名管理、免费电话、在线工作日志、在线会议、在线文档共享编辑等。

员工请假、转正、离职、调薪、出差等情况在职场中是很常见的，很多企业的流程是填写审批单后，由直接领导、部门领导、分管高管、公司总经理层层审批，手续复杂。钉钉的企业在线联合审批几分钟就能完成所有领导的审批流程；对于需要多位领导、同事商议确定的事项，可以用钉钉提前发起投票；工作日报、周报、月报等在钉钉上就可以完成，减少了员工编写、汇总及汇报的时间，提高了沟通效率。

（5）覆盖不同行业领域应用场景

教育行业

2018 年 6 月，钉钉开始向教育领域进行业务拓展。2019 年 3 月，钉钉发布“钉钉未来校园”，旨在提供一套“校园数字化管理平台+校园智能硬件”的整体解决方案。该解决方案推出 3 个月，就已服务了 500 家区县教育部门，覆盖 4 万多所中小学校。受新冠肺炎疫情影响，在线教育市场扩张迅速，钉钉教育的使用数量也在迅速增长。据钉钉 CEO 接受采访时披露的数据，2020 年，全国有 14 万所学校 290 万个班级在钉钉开课，覆盖全国 30 多个省份的 1.2 亿名学生。此次疫情中，联合国向全球推荐钉钉作为教育线上平台，进一步加速钉钉全球化拓展步伐，如钉钉已经在日本等国家的学校推广使用。

医疗健康行业

2018 年，钉钉成立了钉钉医疗团队，来保障医院组织的高效管理。在钉钉医疗的设想中，当医院的经营数据、医务人员进行线上优化管理后，整个医疗产业链围绕核心医疗资源的生态将会发生很大的变化。钉钉医疗希望成为各互联网医疗企业的B端入口，为互联网医疗企业解决进入医院的难题，使其专心为医院和医生提供服务。按照医院运营管理标准化流程，钉钉先把与医院相关的临床、行政部门全部在线化，由此省市区县所有的医疗机构就可以实现组织在线化。组织架构形成后，医疗机构间的转诊、会诊可以同步在线。此外，医院可以通过钉钉实现更扁平、高效的管理，解决层层传达的低效率沟通问题。截至2018年末，有3000家二级以上公立医院使用钉钉，有30万名医生启用钉钉。国内二级以上公立医院有11565家，钉钉的二级以上公立医院覆盖率已接近26%。

钉钉为加班常态化的医务工作者减负。例如，某医院网上工作审批申请流程从原来耗时1天缩短到10分钟，请假从原来耗时1天缩短到5分钟，出国出境手续从原来需要跑两三次减少到跑一次甚至无须跑部门，实现了"指尖动、流程转、数据跑"的办公服务新模式。目前，钉钉已经覆盖了医院管理、行政、临床、护理、教学、后勤等各方面经营活动，可全面助力中国医院提升管理产能。举个例子，医生可随时随地线上查看患者病历，通过在线监控，实时观察患者的病情变化；护士团队可利用钉钉实现排班分配、部门轮转、工作协同等功能，有效节省护士长的管理时间。

零售行业

2018年，钉钉发布了新零售功能套件。新零售功能是"智能导购"，主要是与手机淘宝打通了信息共享发布渠道。淘宝用户在逛线下店时，通过手机淘宝应用，扫描店内导购的钉钉二维码后，双方就完成了互通绑定，淘宝用户也就成为该淘宝店的会员。这意味着店铺导购可通过钉钉直接向淘宝用户发送新品上线、折扣优惠等信息。而且，淘宝用户不用下载钉钉，就可直接在淘宝应用上收到上述信息。钉钉的"智能导购"功能还能使导购查看到发送给顾客的消息是否已被顾客阅读，及时跟进顾客推销。顾客通过导购提供的信息，在线上或线下店铺完成购买，都会体现在该导购人员的业绩中。钉钉还会提供用户画像、打标签等数字营销功能，为商家营销赋能。据钉钉官方介绍，2018 年底，已有 300 多个品牌的店铺开通了钉钉的该功能。

（6）社群与私域流量运营功能

2020 年 2 月 25 日，钉钉上线 5.0 版本，新增社交“圈子”功能。圈子产品对内可以帮助企业打造组织文化，对外可以连接上下游合作伙伴、学员、门店和粉丝，建立统一管理的私域社群。钉钉上线的圈子分为“内部圈”“在线教学圈”“商业交流圈”“社群运营圈”四种。除了“在线教学圈”之外，其余 3 种都是类似企业内部的交流社群。根据官方消息，钉钉“圈子”定位为企业私域流量运营平台，企业可免费使用钉钉圈子进行用户或员工社群管理，圈子提供话题、作业、直播及群控等工具。圈子主要帮助企业打造企业文化阵地，促进企业在业务规模及信息沟通效率上的优化增长。

目前，钉钉构建的线上云办公 SaaS 平台，顺应了智慧化工作模式发展方向。未来，钉钉估计将打造“一站式”智慧办公环境，增值服务、云空间租售、广告营销、企业管理咨询等功能将在钉钉的智慧办公生态中变现。我认为，届时将不是企业客户选择使用钉钉，而是企业在钉钉中得到更好的生存与发展。

案例 11：盒马鲜生的用户留存策略

盒马鲜生是阿里巴巴集团旗下的新零售业态，公司注册于 2015 年 3 月，2016 年 1 月 15 日盒马鲜生首店正式营业。2018 年，盒马鲜生从初始 7 人项目组发展到 4000 余人的团队；从上海的第一家店发展到全国 13 个省份超过 50 家店；从 10 余万元年销售额的项目发展成为阿里巴巴财报重要营收增长点。

华泰证券数据显示，2016 年，盒马鲜生上海某店营业额超过 2.5

亿元，坪效超过 5.6 万元，远超同行业的平均坪效 1.5 万元。2018 年 6 月，时任盒马鲜生创始人兼 CEO 侯毅曾公开表示：盒马鲜生用户月消费次数为 4.5 次，线上订单超 50%。店铺半年成熟度在 70%以上，线上用户付费转化率超 35%。2018 年底，盒马鲜生全国用户人数已达 2000 万人，用户年留存率超过 60%，主要客群的年度消费额都超过 3000 元。

作为新零售线下生鲜超市，盒马鲜生的用户留存率成绩亮眼，其用户留存策略是什么呢?

盒马鲜生是“超市+餐饮+物流+移动 App”的复合业态，包含“一店二仓五个中心”，即一个门店，前端为消费区，后端为仓储配送区，五个中心分别是超市中心、餐饮中心、物流中心、体验中心以及粉丝运营中心。

盒马鲜生实行线上线下一体化运营，在门店周围 3 千米的辐射范围内，构建起 30 分钟送达的冷链物流配送系统。盒马鲜生商业模式实现路径为：顾客线下购物体验—产生信任—安装 App—线上下单—未来中心仓配货+店面快速送货—大数据 C2B 管理。

盒马鲜生 85%的客群为中等及以上收入消费者。在商品品类选择上，盒马鲜生通过利润较高的中高端海鲜产品吸引顾客；通过店里配置的其他优质货品，赚取更多营收，以实现高客单价。

盒马鲜生提出的新零售模式，是以消费者需求为核心进行的商业模式重塑，这一模式需要盒马鲜生具备的竞争力包括资本实力、技术与数据能力、创新迭代能力、商品供应链能力等。这些能力既是盒马鲜生的资源禀赋，也是盒马鲜生目前的业务重心所在：新业态的孵化、新零售关系的建立、自有品牌的开发等用户留存与用户价值转化新途径。

在用户留存转化上，盒马鲜生的策略如图 8-11 所示。

（1）打造各类购物场景以满足顾客的购物体验需求

以往零售商与消费者之间是基于产品和价格的简单买卖关系，而盒

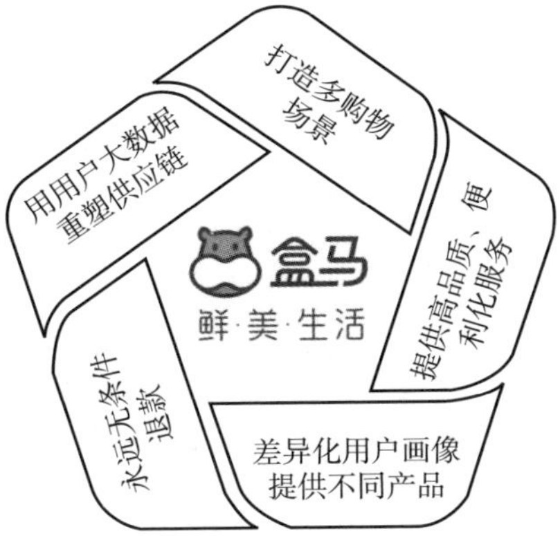

图 8-11　盒马鲜生的用户留存策略

马鲜生试图打造一个围绕目标用户生活消费场景的多维生活圈，以营造一种新的都市生活方式，以此建立和维系顾客与盒马鲜生品牌之间的稳定关系。

盒马鲜生的购物过程，能够为顾客提供功能性、享乐性和社交性三个维度的价值。随着零售行业分类越来越细，零售商需要洞察和理解顾客在购物情境下的多种价值需求。

传统顾客购物价值主要体现在商品及品牌上，而当今的顾客购物价值则超越了这些范畴，还包含购物过程中的体验及情感社交需求。顾客可能并不会预先设定购物目标，寻找好物的过程也是一种享受和娱乐方式。

为了提升顾客的消费体验，盒马鲜生在店里开设了餐厅区，给顾客提供就餐休闲空间。海鲜加工服务中心的工作人员可为消费者现场烹饪店内的各类海鲜产品。超市中设置的用餐区，增加了顾客停留的时间，进而增加了顾客更多消费的可能性。同时，在店内设置生鲜食品现场制作摊位，还可加工一些保鲜期临期产品，帮助店里减少库存成本损失。

此外，线下门店也承担与顾客互动、提升顾客购物体验的功能。盒马鲜生会不定期举办亲子手工等线下活动，提升顾客在盒马鲜生的体验，加深顾客对盒马鲜生品牌的认知度。同时，盒马鲜生可以在线上

App发布烹饪教程，吸引顾客展示厨艺，满足顾客的情感与社交需求。这些活动增进企业与顾客的沟通，增加了顾客黏性。

（2）提供高品质、便利性的社区生活圈服务

盒马鲜生根据顾客对商品“新鲜度”的要求，提出了“新鲜每一刻”的消费新体验。店内商品是标准化的小包装，刚好满足1~2人一顿饭的用量。消费者在线下单，配送范围覆盖直径3千米，1小时内送达；同时生鲜食材量合适，当天可以吃完，保证顾客每天都能享受到新鲜的食材。

盒马鲜生不仅提供超过100个国家的各类生鲜商品、零食饮料、生活用品，还上线了成人用品频道“盒尔蒙”。可见盒马鲜生对用户价值获取的边界不只包括生鲜、食品，未来还会围绕目标消费群体的多个生活场景，拓展更丰富的商品品类。

盒马鲜生利用门店有意地打造高质量的社区生活消费圈，再配合线下多门店布局，将小圈聚拢成大圈，进而在每座城市形成盒马鲜生大生活圈，将用户留在这个精品生活圈中。

（3）根据细分用户画像推出差异化商品

盒马鲜生会根据用户画像的不同变换自己的产品线。以生鲜食材为例，对于40岁以上的群体来说，大多数顾客会在家吃饭。这类顾客群体更注重食材的营养和新鲜度，同时具有较高的消费能力，盒马鲜生会筛选并提供本地的有机蔬菜给该群体。

对于“80后”消费者来说，生活节奏快，加班普遍，没有更多的时间来做饭，所以这群顾客期望在下班后以最快的时间做出美味的盘中餐。盒马鲜生有很多半成品的净菜，这类净菜已经完成洗切及用量搭配，顾客购买后可直接下锅煮食，省去处理食材的时间。

对于“90后”顾客来说，这一代人基本不会去做饭。盒马鲜生推出的叮叮菜系列就可很好地解决问题。叮叮菜的包装盒里有很多煮熟的菜式，只需要放在微波炉加热即可食用。如此简单的操作，满足了年轻

人不做饭也能享受美味的需求，自然受到“90 后”顾客的欢迎。

（4）永远无条件退货退款，取得顾客的信任

盒马鲜生有一条制度，就是永远同意消费者无条件退货，赢得了顾客对盒马鲜生的认可。盒马鲜生是中国少数提出永远无条件退货的生鲜零售店，店铺答应消费者：不管是在线上还是线下购买的任何商品，只要不想要了，就可以无条件退货，而且不需要举证，不需要说出不满意的理由，只要给客服人员打通电话，就有人上门取走货品，货款即刻退还给消费者。盒马鲜生的这个制度赢得了用户信任，也保证了用户留存与回购。

（5）用用户大数据重塑供应链，降低门店经营成本与风险

盒马鲜生通过重塑供应链来降低经营风险。零售行业生存的本质是为顾客提供令人满意的商品与服务。那么，如何知道顾客想要什么样的商品呢？可通过用户消费行为大数据分析得出哪些商品更受顾客欢迎。盒马鲜生通过自助结账机与支付宝来收集用户消费行为数据，然后对这些数据进行分析，总结顾客的性别、年龄、商品品类、购买商品的频次、购买时间、个人购买偏好及对商品评价等情况，然后构建顾客购买模型，用模型提前预测门店需要补货的商品及需要补货的频率，以此实现门店采购经营的降本增效。同时，通过大数据预测，盒马鲜生能够准时地把最适销的产品及时送到门店，满足顾客需求。

以盒马鲜生的子品牌“日日鲜”系列商品为例，日日鲜是盒马鲜生直接从生产基地采购与加工处理的生鲜商品。门店会在每天中午 12 点清点库存，然后确定需补货的商品数量，并由供应商把出货信息录入系统，系统再将商品购买信息传到生产基地，生产基地在当天下午进行生鲜产品的收割采摘，并在当天从基地运到盒马鲜生冷藏仓库，第二天早上 7 点前，商品就可以送达各门店上架销售了。

盒马鲜生从生产基地采购果蔬时，还会以统一的标准对商品进行清洗与预包装，将果蔬保鲜防损控制在供应链源头，从而降低了商品运输中造成的损耗。盒马鲜生还在基地边上设立带有冷链温控和预包装生产

线的生产车间，将部分商品加工成成品后配送到门店。

盒马鲜生将商品处理环节在整个配送供应链中前移，减少了中间流通环节，降低了商品运输成本和损耗，保证了商品品质和鲜度。此外，盒马鲜生还与天猫共享供应链，通过统一集采，进一步降低店铺采购和流通的成本，最终将更高性价比的生鲜商品投放给消费者。

目前，盒马鲜生已经构建全球直采、本地直采和自有品牌三大产品模式。全球直采可将欧美、东南亚等地的果蔬海鲜和肉品借助国际物流直接送达消费者的手中。本地直采则主要通过自有品牌“日日鲜”，当日将商品直接供应到店里，供消费者选购，从不卖隔夜的“日日鲜”产品。

盒马鲜生以瓜果蔬菜、肉蛋奶等顾客刚需的生鲜产品为核心，紧贴顾客日益提升的生活需求和购买力，让顾客能购买到更新鲜、更有品质与档次的生鲜商品。同时，顾客在享受到更好的购物体验后，会对盒马鲜生产生黏性，主动加入盒马鲜生的用户留存会员机制中，持续消费。

案例 12：世界保险巨头中美联泰大都会人寿的用户留存之道

大都会人寿（Metlife）是美国最大的人寿保险公司（以下统称为“大都会人寿”），为遍布全球数以千万计的个人和企业客户提供服务。其业务种类包括人寿保险、伤害保险、团体保险、健康保险、年金及投资型商品等。2019 年，大都会人寿以 679. 41 亿美元的营业收入，居世界五百强的第 142 位。

大都会人寿于 1868 年 3 月 24 日成立于美国纽约市，至今已有 150 年的历史。1909 年，大都会人寿就已成为美国国内规模最大的人寿保险公司，并积极拓展各类业务活动。其中，比较知名的赔付案例包括泰坦尼克号邮轮触礁事件理赔、纽约帝国大厦建设贷款业务及美国“9 · 11”事件的赔付等。

1995—1996 年，美国大都会人寿在北京、上海分别设立代表处。2000 年，大都会人寿登陆纽约证券交易所（股票代码：MET）。2011 年 3 月，原中国保监会正式批准大都会人寿中国北京与上海的两家公司整合为“中美联泰大都会人寿保险有限公司”。

大都会人寿提供的保险产品主要包括三大类，分别是人寿保险、健康意外险和财产保险，其中人寿保险保费收入所占份额最大。大都会人寿收入来源中，保费收入约占 50%的营收份额；投资净收益及万能寿险等投资类保单管理费的收入分别占 30%和 10%左右份额。2020 年 4 月，中美联泰大都会人寿发布 2019 年度信息披露报告，公司保险业务收入为 143.75 亿元，净利润 18.54 亿元，偿付能力充足率为 309.35%，保险赔付实力稳健。

作为一家以客户保障为出发点的保险服务公司，早在 2016 年，大都会人寿就提出为客户加速创造价值的主张，业务部门要从客户和竞争对手的视角来审视公司业务，并不断提升服务质量，助力客户追求更美好安定的生活。2017 年，大都会人寿进行品牌换新升级，在中国市场提出“全球保障，与您知心同行”的价值主张，通过提供包括保险产品、增值服务和客户体验等在内的全面健康保障解决方案，率先推出“关爱您的健康人生”和“悠享您的品质医疗”两个客户服务行动组合。大都会人寿联合国际健康机构、国际救险服务机构等，为中国的保险客户推出全球医疗、预约挂号、住院病房安排、旅行服务、救险营救等增值服务。

大都会人寿的用户留存策略如图 8-12 所示。

（1）顾问型销售

顾问型销售是保险公司提升客户精细化服务及激发客户签单的主要方式。

大都会人寿的保险顾问不仅要懂得公司产品，还要为客户传授保险、理财、生活规划等知识，成为客户提升生活品质与财富增长的专属

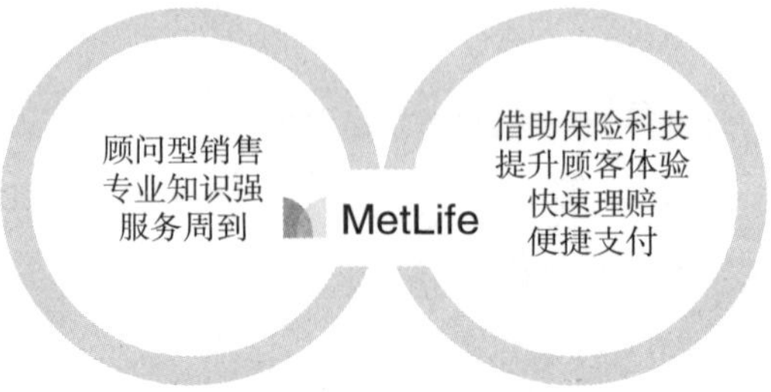

图 8-12　中美联泰大都会人寿的用户留存策略

顾问与伙伴。大都会人寿要求每位顾问每年对每位客户至少完成一次客户拜访，对于优质客户至少完成一次线下客户拜访。作为大都会人寿的忠实客户，我第一次跟其销售顾问接触就问了若干尖锐的问题，他都耐心细致地进行了解答。在接下来的一个月里，他对我的提问都保持同样的态度，并且根据我的收入情况，在不影响我生活质量的前提下，给我制订了详细的保障计划。但就“不影响生活质量”这一点，我在跟其他保险公司的顾问接触中都没有感受到。

大都会人寿的每位保险顾问都会专业友善地跟顾客保持良好的沟通关系，并不会因顾客购买的保险服务产品金额多少而不同。2015 年，我的顾问因为个人原因离职，接替他的是一位和善的大姐，我保持每年与她沟通 1~2 次的频率，主要向她咨询合同中的一些条款细节及他们新产品的情况。到了 2017 年底，我才惊讶地发现大姐不仅是我的前顾问的团队领导，还是大区的销售总监，负责领导的业务团队有 300 人左右。在数年交往过程中，大姐都是亲近随和，有问必答，毫无架子。大姐不仅是我的保险咨询顾问，更是生活和职场的良师益友。

（2）借助保险科技提升客户体验

保险业客户竞争非常激烈，大都会人寿投入了大量资金，用于新科技服务手段的探索、规划与设计。公司将大数据、云服务及区块链融合到客户保险服务中，截至 2019 年，已累计投资 10 亿美元来改善服务的科技含量，提高业务效率。大都会人寿设定目标：从 2020 年起，通过新科技增效手段，每年节省 8 亿美元营运成本。

大都会人寿作为第一个加入 R3 区块链联盟的跨国保险企业，通过该联盟与其他 R3 成员开展交流合作，共同探索区块链技术在保险业的应用场景，包括使用分布式账本来简化业务流程，如业务处理、政策管理、客户付款与新的投资管理和收益分配等流程。

目前，大都会人寿在新加坡已开始运营一个区块链保险服务试点，借助区块链技术，公司能为客户提供更快速、更便捷的保险理赔服务。举个例子，大都会人寿的商业疾病险的某位客户是位孕妇，在怀孕期间患上了妊娠糖尿病。她去医院接受治疗的医疗诊断书、检测单、处方单等单据会实时上传到大都会人寿的大数据处理部门。由于签约时，大都会人寿给该客户分配了唯一的区块链标记，因此客户在理赔过程中无须再上传身份证等材料，立刻就能被受理。客户还未走出医院，疾病险的保险理赔金就已经打入她的银行卡了。区块链能够识别客户的唯一身份标识代码，省去了客户邮寄证明单据和事后理赔的时间，提升了客户的保险服务体验，也留住了客户。

从中国居民的金融资产配置比例统计数据看，保险资产的配置仅占 2%左右，而美国的这一比例达到 32. 6%，日本达到 26. 8%，说明我国的保险业相较于发达国家差距明显。差距意味着市场发展潜力，专家预测到 21 世纪 20 年代末，全球保费收入的 40%左右将来自中国市场，中国将取代美国成为全球最大的保险市场。

随着我国居民的保险意识不断增强，中国保险业具备持续增长潜力。各保险公司的保险产品内容不会有明显的差异，在客户留存上，比拼的依然是保险公司为客户提供的定制化服务及理赔响应速度。

案例 13：网商流量红利消失——三只松鼠如何留住吃货用户

2012 年 2 月三只松鼠股份有限公司在安徽芜湖市成立，创始人是章燎原。三只松鼠是一家零食电商，主营产品有坚果、肉脯、果干、膨化等多品类休闲零食。据说“三只松鼠”这个品牌名源自章燎原在客厅与家人观看电视剧《三个火枪手》时，联想到爱吃坚果的动物是松鼠，认为松鼠是符合主打坚果零食产品的企业代言人角色。经过策划设计，3只可爱、生动、辨识度高的卡通松鼠吉祥物就此诞生了。

2012年后，坚果等休闲食品电商迎来高速增长期，吸引了大量资本流入，像三只松鼠这样的代表性品牌迅速崛起。数据显示，2014—2015年，休闲食品电商企业数量累计新增1217家。2016—2018年，休闲食品行业线上流量红利逐渐消退，行业步入成熟期，头部企业趋于稳定。

三只松鼠抓住了电商行业的爆发增长机遇，凭借深入人心的品牌形象、多种优质口感零食组合、快捷高效的线上销售模式、细致贴心的用户服务及快捷的物流信息系统，迅速发展成休闲食品领域的领军企业之一。2012年的淘宝“双11”活动中，三只松鼠旗舰店营业额达766万元。2013年，公司设立芜湖、北京及广州仓储配送中心，完善仓储物流运力，以支撑高速增长的业务规模。2013年“双11”购物节当天，三只松鼠天猫商城销售额突破3500万元，位列天猫商城“零食/坚果/特产”类成交额第一名。2018年“双11”当天，三只松鼠全渠道实现销售额6.82亿元。截至2019年，三只松鼠累计销售额超过200亿元。经过多年发展，公司已形成包括干果、果干、花茶、零食等在内的多品类产品线，细分品类产品超过500款，在休闲零食中排位最高。

2018年9月，三只松鼠推出了新零售线下店——松鼠联盟小店，通过小店主个人IP与松鼠品牌IP的合作，打造各类特色的零食便利店。同时，三只松鼠正加快从电商品牌向数字化供应链平台企业转型，一方面通过数字化平台连接中国众多的食品生产企业；另一方面通过已布局的多个渠道连接消费者，把两者之间的协同合作路径做得更短。2019年7月12日，三只松鼠在深交所上市。

三只松鼠的用户留存策略如图8-13所示。

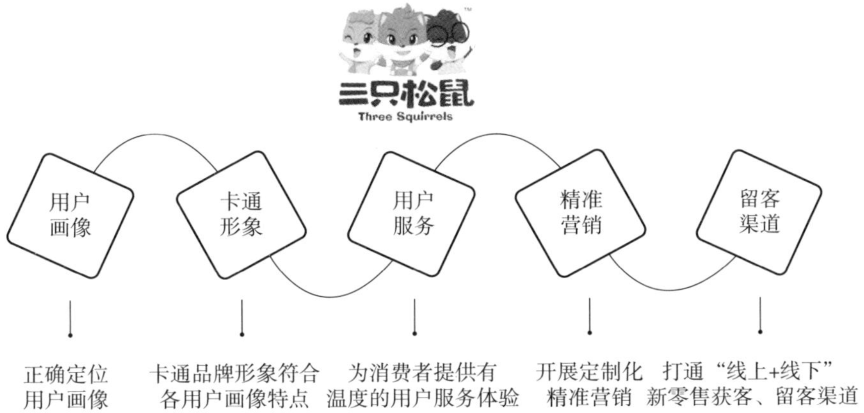

图 8-13　三只松鼠的用户留存策略

（1）正确定位用户画像

发展初期，在品牌知名度不高、宣传成本高昂、用户较少的情况下，章燎原决定借助顾客的口碑传播营销。起初，三只松鼠将品牌定位为高端坚果零食品牌，目标用户群体是有网购习惯并收入较高的白领阶层。在业务发展过程中，三只松鼠逐渐调整了用户画像，将中高端零食的定位迭代为大众消费零食品牌，用户群体定位调整为接受互联网的学生及“80 后”“90 后”职场人。这些年轻用户群体有坚果零食的需求，在买到物美价廉的坚果零食后，会积极地采用社交软件发布消息，与朋友共享，从而形成品牌口碑传播。

比起具有较高消费能力的白领群体，喜欢新鲜零食的年轻人群体更庞大。借助物美价廉的坚果产品，加上频繁的促销优惠活动，三只松鼠完成了用户留存，并利用口碑传播进一步触达更多的目标群体。

（2）卡通松鼠的品牌形象吸引目标用户

三只松鼠的卡通代言人形象亲切、可爱、容易记忆与传播。3 只可爱的动漫松鼠形象分别是松鼠小贱、松鼠小酷与松鼠小美，这 3 个俏皮可爱、萌感十足的卡通形象消除了用户与品牌之间的距离感，并自带鲜明个性。松鼠小贱的表情、动作又萌又机灵，松鼠小美形象文静大方，松鼠小酷爱耍酷，这 3 个卡通形象性格设定基本覆盖了当下“80 后”“90 后”用户的典型性格。

围绕 3 个品牌代言卡通形象，三只松鼠还策划出“松鼠森林文化”。公司将三只松鼠天猫旗舰店、官网、售后服务卡、包装盒、果壳袋、包装箱、赠送的手机挂件、包装夹、公司工作装修环境与客服员工昵称等，都与松鼠森林文化统一起来。在社群经营上，三只松鼠拥有自己的吃货交流区，公司还帮每只卡通松鼠注册了独立的微博账号。同时，企业通过松鼠萌动漫工厂推出以三只松鼠为主角的动漫卡通故事，使用户从单纯喜欢零食商品进一步发展为松鼠卡通形象的粉丝，用户黏性得到提升。

（3）提供有温度的用户服务体验

三只松鼠将公司定位为一家真实的、有温度的电商，公司鼓励客服与用户之间开展有温度的交流，并探索出一套情景化的客服话术。三只松鼠的所有客服昵称都以“鼠”为姓，客服化身为鼠小弟、鼠小妹，并亲切称呼买家为主人，将“松鼠”的萌宠形象更生动地融入与每个用户的交流环节中。三只松鼠也将客服团队根据性格与偏好分组，如文艺青年组负责与“有内涵文艺范”的用户群体沟通；重口味组则负责与“重口味无底线”、比较风趣幽默的用户群体沟通。这样精细化的用户管理，更能达成提升用户留存与复购的效果。

在用户购买和食用商品的各环节，三只松鼠想方设法地为用户提供方便。公司会为用户提供各种食用辅助工具——开果器、开箱器、果壳袋、餐巾纸、湿纸巾等；配合精美包装，寄送一张温馨有趣的卡片，上面印制着卡通松鼠对“主人”的提示语；为每位用户赠送符合其兴趣偏好的小礼品，如松鼠卡通胸章、贴纸、小漫画、微杂志等；还有抽奖优惠活动，来满足用户的个性化需求。

（4）开展用户精准营销

三只松鼠通过电商 B2C 平台分析用户购买行为，掌握用户购物喜好，并进行一对一的个性化精准营销。公司按不同区域划分用户的零食口味喜好，如北方人喜好口味偏重、盐度大的坚果，而南方人偏好少盐、偏甜的坚果零食，再对不同喜好的用户推荐不同口味的零食。同时，三只松鼠利用B2C平台的用户行为数据分析，能够更准确地预测用户所需食品总量，降低库存成本。

为了让用户更好地信任三只松鼠的商品质量，公司开发了供应链系统数据追溯应用。三只松鼠在部分坚果种植产地安装了传感器，用户扫描二维码，即可查到商品生产地、生产者及客服的信息，也可以通过三只松鼠App全程追踪供应链从原产地采购、加工、仓储到物流递送环节的信息。三只松鼠也欢迎用户对生产加工环节提出自己的意见，帮助公司提高商品服务质量。

（5）打通“线上+线下”新零售获客用户留存渠道

2016年，三只松鼠开始试水线下门店运营。在互联网用户流量获取成本日益增加的趋势下，公司开设线下门店，有助于挖掘线下用户流量。同时，线下门店也可作为公司品牌展示店。

三只松鼠线下门店以直营店“松鼠投食店”和品牌加盟店“松鼠联盟小店”两种模式为主。三只松鼠直营店定位为品牌体验店，店内摆放数量众多的“松鼠公仔”及周边IP产品。直营店商品种类丰富，店铺规模较大。加盟店的功能定位为社区便利店，商品种类在精不在多，店铺规模较小。

2018年，三只松鼠线下渠道总收入7.51亿元，同比增长2倍，占全年营收的10.51%。其中，线下门店数量为53家，营业收入约为2亿元，占全部营业收入的3%左右。2019年，三只松鼠直营店超过100家，加盟店超过200家。线下门店的营业收入还在持续提升。

2020年5月，三只松鼠创始人章燎原对参会股东与投资人表示，公司将重塑线下门店的品类和商品定位，打造门店专供商品，借助品牌优势推进全国化布局。未来几年，随着公司深耕直播电商、短视频电商等新营销平台，三只松鼠会提升一体化精细化深水区运营策略，也将推出新的用户留存渠道及留存策略。

案例 14：印象笔记如何留存超两千万中国用户

俗话说，“好记性不如烂笔头”。如果发现好网站、好资料、好数据、好图表、好观点、好文章等有价值的资讯，你是不是想要简单快捷地记录下来？

印象笔记（Evernote）是一款记录各类资讯的应用，该应用能够实现一键记录，轻松将网上的文字、图片完整保存到软件中，基本功能免费，没有各种贴片广告与插件的困扰。

印象笔记所坚持的一键剪辑笔记功能，源于公司创始人菲尔·利宾。他认为，如果 Evernote 能帮助人们记住一切，那么用户必须能够捕捉一切，这意味着软件可以随着用户的电子移动设备随时随地记录有价值的信息。

菲尔·利宾的设想比较超前。2006 年，移动手机远不如今天智能，移动软件平台也并非如今的主导应用平台。iPhone 要 1 年后（2007 年）才会发布，菲尔·利宾自己也承认，当时将 Evernote 的应用场景设定在移动电子设备上是一种比较冒险的策略。

Evernote 简洁、时尚，给移动设备的用户带来了很棒的体验。苹果应用商店 AppStore 的出现，推动了 Evernote 用户快速增长。同时，Evernote 洞察用户对笔记应用最核心的便捷性、方便性需求，提高了用户对软件的认可度。

Evernote 一直坚持免费策略。创始人相信，Evernote 对用户产生的价值越大，用户使用该应用的时间就越长，所获取及存储在印象笔记上的内容就越多。随着内容的增加，用户将越来越离不开这款软件。

多年来，Evernote 没有用任何广告引导用户付费，是否购买付费会员权益，全凭用户自愿。如果用户愿意升级到每月 5 美元的付费会员，享受到的唯一好处就是增加了账号的存储容量，如从 5G 增加到了 10G。

2009 年起，公司用户飞速增长。Evernote 花了 446 天收获了首批百万用户；获取第二批百万用户，仅用了 222 天；而从 500 万用户到 600 万用户，时间缩短为 52 天。据统计，印象笔记平均每天会迎来超过 19000 个新用户。2011 年初，也就是产品发布后的第三年，Evernote 开始盈利。这时，Evernote 拥有 80 名员工，超过 1000 万用户，年销售额约为 1600 万美元。

2012 年 5 月，Evernote 宣布建立中国印象笔记软件和全新的简体中文网站，并将在中国设立数据服务器和合资公司，正式进入中国市场。

2018 年 8 月，印象笔记发布新版 App，新增了专为中国用户开发的 Markdown 编辑器、电脑端密码锁、剪藏等功能。这些新的延展功能是印象笔记在中国独立运作之后，结合中国用户需求而推出的用户留存之举。

与别的互联网公司推广策略不同，印象笔记不购买流量，不倒贴补贴拉新，而是耐心地培育全球付费用户。2014 年 4 月，印象笔记宣布中国区用户达 1000 万人，全球用户达到 1 亿人。据称，平均每个用户的推广成本不到 1 美分。

2016 年，Evernote 全球用户数首次突破 2 亿个。其中，中国用户突破 2000 万个。为了提升用户留存，印象笔记陆续推出多项附加功能，提升用户体验。为了帮助用户分类整理信息，印象笔记推出了素材库、Markdown 编辑器、内置模板和笔记助理等功能；在公开内容分享方面，又添加了印象阅读，能让用户公开分享自己的笔记，用共享知识来完成社交。

2019 年 5 月，印象笔记将原来功能单一的清单小程序升级，新增的功能如可在印象笔记端口处理各类文件、实现跨设备数据云同步。印象笔记在中国也主要靠口碑营销，公司从不以烧钱补贴的方式来获取用户流量，不做 SEO 或 SEM 优化，应用不鼓励诱导性下载。

发展至今，印象笔记始终以便利简洁的使用体验为核心，升级其各项应用功能，其用户获取留存策略如图 8-14 所示。

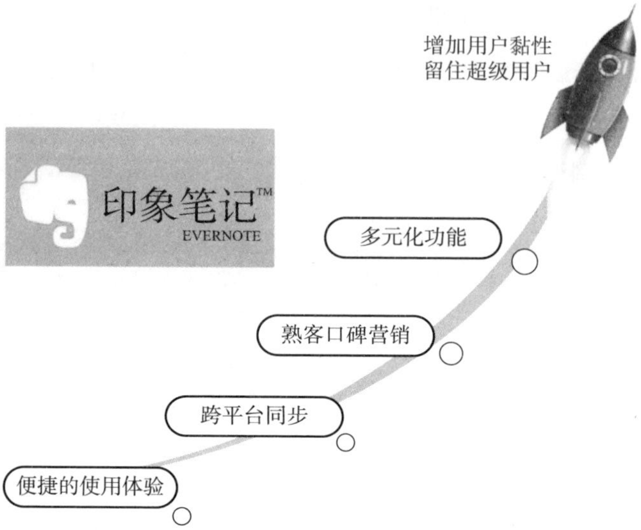

图 8-14　印象笔记的用户留存策略

（1）便捷的使用体验，满足用户记录一切的需求

印象笔记软件界面绿色简洁，无广告弹框，操作过程符合用户对信息处理的思维习惯。不需要教用户如何记录笔记，只需要让用户在信息爆炸时代，随时记录下对自己有帮助的信息，就已解决了用户的需求痛点。

（2）实现信息跨平台同步互联

印象笔记顺应了移动办公、多平台互联的趋势，深受用户喜爱。产品核心优势在于能打通手机、电脑、平板电脑等多个平台，获取并共享信息。大多数印象笔记的用户很早就通过多平台访问印象笔记，培养了电脑和手机设备无缝切换的习惯。同时，印象笔记提供的图像搜索、文本识别提取功能，能够识别名片、文件、印刷广告传单等图片文字，这些功能都可提升用户的工作效率，让用户记录笔记的工作变得更加简单快捷。

（3）熟客口碑营销

2019 年，印象笔记在中国推出“推荐计划”，目的是利用口碑推荐来奖励忠实用户。通过熟客推荐注册的新用户将获得注册首月免费；推荐人则获得积分，并凭积分可兑换最高12个月的免费会员资格、1GB上传权限、礼品卡或在印象笔记合作公司得到购物优惠（如高端办公用品品牌Moleskine）。印象笔记利用口碑营销及熟客留存，发挥最大的用户价值。

（4）产品功能细分和搭建应用生态系统

围绕记录笔记的核心功能，印象笔记推出多个延伸功能的应用，通过细分功能，增加用户黏性。如印象笔记2011年收购的轻应用程序Skitch——一款流行的屏幕截图和注释应用；Penultimate是一款iPad上的手写应用程序；印象笔记·人脉是联系人管理服务应用；印象笔记·食记是一款记录饮食和收据的应用程序；印象笔记·悦读是一款无干扰的阅读与书写应用程序；印象笔记·宝盖是与特有iPad保护套一起使用的学习辅助工具，它的功能类似于学习卡片。

案例15：平民火锅呷哺呷哺用户留存升级记

火锅是大众喜闻乐见的餐食。

食客点上一盘鲜蔬菌菇拼盘、一份薄羊肉片、一个烧饼或一小把火锅拉面，与浓香锅底一起，就能组合成一人份的荤素搭配美味涮锅套餐。

一人食的市场助推单人小火锅餐饮店的兴起。呷哺呷哺是单人涮锅连锁店的领军品牌，它让顾客花上不到80元，就能吃上一顿菜肉丰富、营养均衡的火锅套餐。

2014年，呷哺呷哺在香港上市。据招股书，公司年收入从2011年的9.97亿元增至2013年的18.9亿元，复合年增长率达37.7%；净利润从2011年的7570万元增长至2013年的1.4亿元，复合年增长率达到36.4%。截至2014年10月26日，呷哺呷哺的店面总数达到408家。

上市后，公司进入快速增长期。2019 年，呷哺呷哺门店已经覆盖中国 28 个省区市，门店数量达 1022 家。

干净、快速、方便和实惠，这些都是顾客选择呷哺呷哺小火锅的原因。为了实现办公与生产结合，呷哺呷哺创立之初，将公司总部设在北京大兴区孙村工业开发区，占地 6.7 万平方米，由综合办公楼、生产加工基地、研发中心、中央厨房、配送中心以及各职能部门组成。

在产品定位上，呷哺呷哺更像是一份中档价格的快餐。一人一小锅的火锅店，能够实现快速翻台。呷哺呷哺店铺不大，店内有一个长椭圆形吧台。吧台桌子环绕一圈，每一侧都均匀排列着电磁灶和小火锅。这个餐台形式模仿了制造业的生产流水线，当食客围绕着吧台桌用餐时，店员可以在吧台中间来回走动，同时照顾到整个吧台的 20~30 位顾客，满足他们的添加食品饮料、火锅蘸料、给火锅加水及递餐巾纸等服务需求。这个设计大大提高了服务效率，提高了餐桌翻台率，也降低了运营成本，保证企业利润持续上升。

在供货上，呷哺呷哺采用中央厨房模式。从食材到用具，甚至一根牙签都由总部中央厨房统一采购配送，确保所有分店均达到统一的标准与质量，也保证了火锅底料、涮菜与蘸料的口味统一。

物美价廉的呷哺呷哺越来越受到顾客欢迎，那些年经常出现呷哺呷哺店内外火爆排队的局面。顾客想要吃呷哺呷哺，总要先做好排队的准备。在吃饭高峰期，会出现顾客要等 100 多个号，才能轮到自己进店用餐的情况。随着近年来消费升级，火锅市场不断推陈出新，小众特色品牌火锅不断入场，呷哺呷哺的新老顾客对用餐环境和火锅品质提出了更多的要求，主打快速、实惠与健康卫生的呷哺呷哺也感受到了市场的变化，放慢了开店扩张的步伐。

财报显示，2017 年，呷哺呷哺净利润为 4.31 亿元，同比增幅 15.9%，与 2016 年 39.74%的增幅有不小差距。2018 年公司净利润为 4.62 亿元，同比增速降为 10.1%。净利润增速下降，除了运营成本上升的原因之外，还由于顾客的需求变化。呷哺呷哺对顾客定位进行了升级，正在努力改变一人一锅的“快餐店”定位。2017 年 6 月 29 日，呷哺呷哺董事长贺光启在上海宣布新战略，呷哺呷哺将从“快餐”转型为“轻正餐”，并推出“火锅+茶饮”的创新商业模式。

为了顺应商业定位升级，2016 年，呷哺呷哺新推出了中高端火锅连锁品牌“湊湊”和茶饮品牌“茶米茶”，主打人均消费在 120 元左右的中高端火锅，目的是与同价位的海底捞等争夺中高端火锅市场。

同时，呷哺呷哺还布局了一人一锅门店的升级，为了实现品牌的“休闲化”转型，公司持续推进对品牌、口味、茶饮、环境、服务等各要素的提升，提高品牌的市场竞争力。升级后的呷哺呷哺提供更好的用餐环境和更高品质的食品。2017 年，呷哺呷哺已对约 200 家门店完成了改造升级，占 650 家门店的 1/3 左右。

呷哺呷哺在营销渠道上寻求更多创新，例如，推出火锅食材器具的外卖业务，以及对标麻辣烫店的“呷煮呷烫”外卖业务。2019 年，湊湊火锅店快速扩张，全年新增门店 54 家，门店收入也随之快速增长，财报显示，湊湊收入为 12 亿元，同比增速达到 116%。

然而，呷哺呷哺的升级并非独傲群雄，火锅市场新品牌不断产生，竞争激烈，无论是口味、食材还是装修风格等，同质化现象十分严重，每年的呷哺呷哺闭店数与开店数几乎持平。

在环境变化、顾客需求升级的推动下，呷哺呷哺布局了几个创新升级棋子并寄予重望，其用户留存策略如图 8-15 所示。

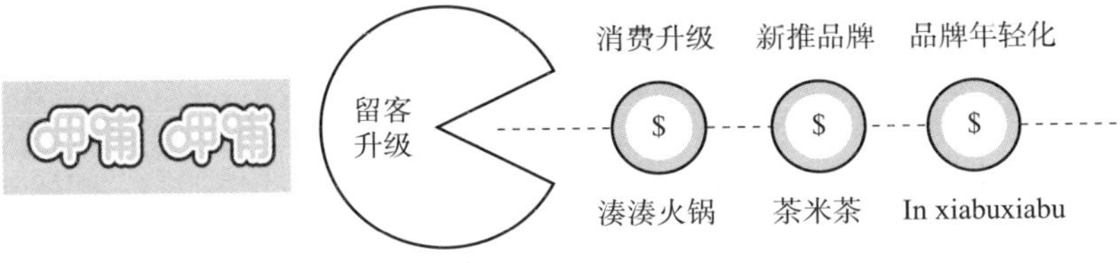

图 8-15　呷哺呷哺用户留存策略

首先，推出消费升级店“湊湊”对标海底捞，通过改善环境、食材等用餐体验来留住顾客。

湊湊店的装修风格以高级黑和深灰金丝花纹为主色调，店内推出的菜品在品质和颜值上均有所提升，但在火锅锅底、调料和牛羊肉菜品口味上，其实与呷哺呷哺现有门店没有太明显的差距，价格却是普通门店的2~3倍。一些外观不错的特色菜也需要提高口味和性价比。

其次，推出茶饮品牌“茶米茶”，作为新业务提升营收。

呷哺呷哺推出茶饮品牌“茶米茶”，能够提升店内的饮料品质，创造新的营收空间。虽然“火锅+茶饮”商业逻辑完整，但茶米茶的价格和口味与其他茶饮连锁品牌相比，并没有明显的差异化竞争力。人均25元以上的茶米茶，作为呷哺呷哺的新产品，肯定能提高营收，但提高力度有多大尚需要考察。2020年10月，呷哺呷哺在北京景悠唐店举办门店升级发布会，宣布将对门店进行第二次升级：从2016年的偏中式风格升级为以白色为主色调的简易欧式时尚风格。公司将用户留存新渠道——茶饮品牌“茶米茶”吧台也放到了门店入口的显眼位置。

最后，通过品牌年轻化升级来留住顾客。

呷哺呷哺围绕年轻顾客开展品牌升级。2019年11月，呷哺呷哺推出年轻化火锅子品牌In xiabuxiabu，其商业模式是通过“小火锅+”的模式，在延续“一人一锅”的核心基础上，探索小火锅品类更多的增长可能。In xiabuxiabu针对年轻顾客推出了多样化的产品，覆盖从早午餐、下午茶、晚餐到深夜食堂全时段的消费场景。在这里，顾客能感受到“小火锅+茶饮+小食+关东煮+串串……”的混搭组合，满足不同时段的消费需求。

首家In xiabuxiabu门店设在上海中心大厦，主要用餐顾客为中央商业区白领。在营造用餐体验氛围上，In xiabuxiabu以简约时尚的现代化装修风格及具有丰富仪式感的装饰摆设为主，还推出只有在本店才能品尝到的一些菜品，以契合中高端小火锅的顾客定位。

呷哺呷哺为了留存顾客，在创新升级上可谓多方并举，升级传统店、开新的品牌连锁店，并对店铺进行年轻化升级改造。

但火锅这种用餐方式、菜品烹饪方式等内核不变的连锁式餐饮，要实现持续的用户留存，还需要做更多的创新努力。

案例 16：知识共享平台“知乎”如何激发用户留存价值

2016 年，知识付费平台兴起，用户顺应“花钱买知识”潮流爆发出的庞大购买力，也助推一批知识付费头部应用，如喜马拉雅、得到、网易云课堂等，在用户数量和营收上飞速发展。2020 年，新冠肺炎疫情期间，在线学习、职场提升知识网站与应用，成为大批用户居家工作生活期间主要的获取知识途径。

以头部企业喜马拉雅为例，2020 年，平台内容种类从 328 类增加到 393 类，新增内容更加垂直细分，包括新出现的二次元萌系、游戏、美容养颜、成长感情、居家运动、安睡助眠等相关内容。在喜马拉雅每年举办的“123 知识狂欢节”期间，平台二次元内容消费额同比增长 476%，知识付费平台用户价值转化明显。

在众多的知识付费平台中，“知乎”作为一家头部企业，显得别有一番姿态。知乎在 2011 年 1 月正式上线，是国内最大的问答社区与原创内容平台，平台以“让人们更好地分享知识、经验和见解，找到自己的解答”为品牌使命。

据艾瑞咨询数据，2017 年，知乎月独立设备数从 2199.4 万台增长至 4286.5 万台，增速达 94.9%，高于同期行业平均增速 73.7%。从用户使用时长看，用户月度总有效时长从 5366 万个小时增至 11354 万个小时，增速达 111.6%。时长增速超过设备数量增速，意味着知乎在获取更多用户的同时，也获取了更多用户时长。知乎平台对用户的留存效应增强。截至 2020 年 12 月，知乎的注册用户总数已达 3.7 亿人。

知乎是如何开展用户留存和用户价值转化的？其用户留存策略如图 8-16所示。

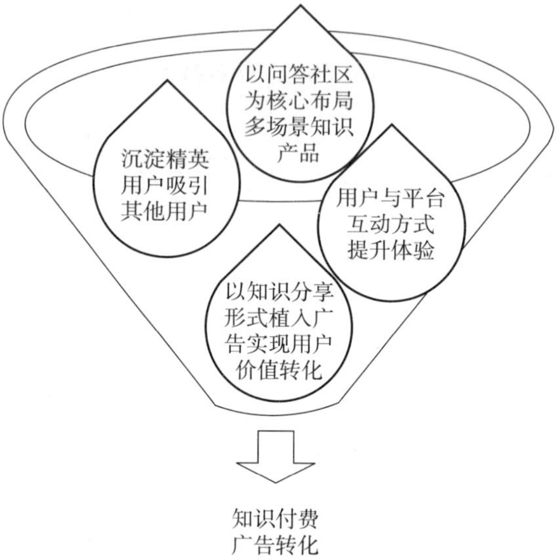

图 8-16　知乎的用户留存策略

（1）沉淀一批知识精英用户来吸引更多其他用户留存

知乎的定位是知识共享平台。

成立之初，知乎采用注册用户邀请制来确保用户群体的整体素质。据知乎官方数据，具有高学历、高收入或高消费的“三高人群”是知乎用户群体的主要特征。用户群体的素质确保了平台内容的高质量。

知乎在创办初期，为了吸引各界知识精英加入平台，长时间以封闭式运营模式来经营平台。知乎的平台气质、追求用户质量而不是疯狂吸引流量的做法，获得了精英用户的认可，更进一步吸引了各行业的高知人群，并借此打造了一个“谈笑有鸿儒，往来无白丁”的优质行业知识问答社区。

与百度知道、维基百科、简问简答等这些以解决问题为导向的知识问答平台不同，知乎侧重于打造一个专业、有情感、题材丰富、角度多元化的深度问答交流社区。平台鼓励知识精英分享个人观点和专业知识，同时激励用户从问题出发，各抒己见，形成对同一个问题的多个不同见解，引发用户思维碰撞。在知乎上提问，可以邀请精英用户来回答。如果被圈到的用户在问题下跟帖回答，通常也会先谢邀，然后提供个人的见解。整个平台的沟通氛围是简洁、明快、清晰的，这种线上沟通氛围也让很多用户对知乎平台产生了较高认可度，愿意每天多花时间停留在平台上，阅读或发布新消息。

（2）以问答社区为核心，布局多场景知识产品来增强用户留存

知乎围绕问答社区的核心功能定位，逐渐迭代升级为多场景开放式知识平台，功能包括问答、文章专栏、想法、知乎圆桌等，这些知识社交场景后续还衍生出职人介绍所、盐 Club、盐沙龙等主题活动；联合知乎书店、知乎 Live 等付费知识产品，组成了知乎"知识市场"产品体系。例如，知乎书店会出售知乎出品的各类电子书、纸质书及知乎圆桌互动门票等。

知乎的知识服务沉淀了一批主动贡献高质量内容的知识精英用户群体，同时也吸引并留存了大量年龄在 25～35 岁，接受过高等教育、拥有积极生活态度的青年用户群体。据艾瑞咨询 2018 年数据，知乎用户中拥有大学本科及以上学历者占比达 80. 1%。而同期的中国网民中，大学本科及以上用户比例仅为 20. 4%。

同时，平台对行业知识的深度分析及互动分享质量较高，让知乎品牌影响力深入用户心中，提升了用户对平台的忠诚度。用户对知乎平台内容有较强的认可，进而主动将平台优质内容分享到朋友圈、微信群等知乎平台边界外。此举可帮助知乎主动传播品牌，提升了知乎平台在互联网中的影响力。据统计，2017 年知乎每日站内搜索请求数量达 6000 万次，每天有超过 23 万条内容被用户分享到知乎站外。

（3）知乎设计的用户与平台互动方式提升了用户使用体验

知乎的社交规范鼓励用户创造有价值的内容。知乎在每个用户提出的问题页面下方，设置了回答输入框、评论、点赞等按钮；对于某些不

符合知乎内容要求的低俗问题和跟帖，平台会自动识别并折叠答案，从而让平台能聚集更多的高质量内容，引导用户创造有价值的内容而非随意的情感宣泄。除此之外，严谨的邀请制也让知乎逐渐形成了不同于其他问答社区的理性严谨的思辨氛围，这些都能够提升知乎平台用户的使用体验。

知乎社区文化产生了一批具有辨识度的专属词汇，如“谢邀”；在平台内形成了基于用户普遍价值认同的公序良俗和自治公约；同时，社区用户具有高度的包容性。

（4）以知识分享形式植入商家广告，提升用户价值转化

知乎的知识共享读者众多，也为商家品牌带来新的营销途径。品牌商家纷纷在知乎上尝试以品牌相关知识互动专题的形式植入广告；知乎服务的广告主类型覆盖汽车、快消、网服、3C 数码等主流品牌，例如，奥迪、SK-Ⅱ、亚马逊、博朗等全球知名品牌。

以知识专题互动为品牌营销方式，既可以为潜在用户普及产品相关知识，以知识共享激发用户对产品的关注及购买，又可让广告对用户的营销界面比较友好，潜移默化地提升用户的接受度。举个例子，知乎与止痛药品牌芬必得联合推出的知识共享主题营销板块，通过科普疼痛知识，引出芬必得产品的价值，知识板块传播内容围绕“疼痛”和“止痛”的知识解读，主题贴近生活，文章科普性强，得到了知友的广泛认可。在广告投放期内，开设的知识板块总曝光量超过 722.4 万人，总点击数超过 36.9 万次，平均点击率达 5.11%。科普知识分享还引发用户自发参与原创跟帖，总点赞数超过 3244 条，总评论数超过 647 条。

知识内容平台社区一直推行耐心而稳定的运营策略，并不像其他互联网流量平台推崇流量为王、快速变现。内容付费是知乎用户留存价值转化的基本保障，而这需要稳定的内容更新和良好的知识社区互动氛围。做好社区内容，同时在以知识共享讨论为主的广告投放形式上精心策划，找到商业化与免费知识共享之间的平衡，是知乎留存用户及持续发展的主要途径。

第 9 章　新创企业的用户留存之道

案例 1：联合办公空间品牌氪空间的用户留存策略

氪空间是新商业媒体 36 氪旗下的联合办公空间品牌。2014 年 4 月 22 日，36 氪第一座孵化空间社区在北京创新创业聚集区——中关村创业大街正式开业。该联合办公空间占地 2000 平方米左右，包括休息区、会议室、路演厅、氪咖啡、露台休息区等多功能区域，是现在氪空间的雏形。

2017 年，因为创业孵化器的商业模式不清晰、入驻客户体验不佳、盈利性不足等问题，曾如雨后春笋一般涌现的创业孵化器风潮逐渐退却，北京海淀区中关村创业大街上的 10 多个孵化器先后关闭，孵化器的新增速度也放缓了。

作为新创孵化器，氪空间也面临着找寻可持续发展模式的挑战。2016 年初，氪空间第一次战略转型，提出“打造业内顶级的联合办公空间服务平台”的定位。同年 1 月，氪空间从 36 氪公司拆分，独立核算运营，并完成了 A 轮融资。随后，氪空间确立了“以联合办公为基础的企业服务平台”的项目定位，并借助融资实现全国扩张，为更多创业者提供联合办公空间产品和企业孵化服务。截至 2018 年 8 月，氪空间覆盖了北京、上海、香港、广州、杭州、南京、武汉、天津、苏州、成都、厦门、合肥 12 个城市，运营 60 多个联合办公社区，管理空间面积超过 30 万平方米，工位数量超过 42000 个，服务企业客户数量超过

3000家。

（1）提供舒适的办公环境与开放共享的关系服务

为了给入驻客户更好的空间服务，氪空间构建了企业服务平台。除了帮助入驻企业对接工商财法税、人力资源、行政办公等基础服务外，氪空间还搭建了线上企业服务平台，为企业提供覆盖公司创业、经营、产品研发、产品运营、融资等各类服务方资源。同时，氪空间精心设计了办公空间环境，包括在空间内布置美观大方，又不乏科技感的各类装饰，设计了读书角、小厨房、打印室等各类共享空间，尽力为客户创造舒适的办公、活动环境。

氪空间为了提升入驻企业客户的体验，引入了最新的智能空间管理系统。客户可通过该系统完成空间租赁、会议室预约、活动报名等工作。在室内休闲娱乐上，氪空间引入了健身休闲类服务商，打造健身娱乐空间，满足空间主要年轻客群需求。为了体现为入驻客户提供的精心服务，氪空间在公共茶水间免费提供研磨咖啡机、咖啡豆、红茶、绿茶及纯净水，供入驻企业职员自由取用。

氪空间不仅为客户提供舒适的办公场地与活动空间，也为客户提供知识共享、人脉共享与资源共享服务，让人们在办公空间内更有安全感与幸福感。

当下，联合办公空间经营企业都在以构建入驻客户社群生态的途径来建立长期有效的客户留存及价值转化机制。“办公关系”是一种很好的构建人际关系的途径，联合办公空间利用这种办公关系，为职场人创造了一个共享与融合的社群——大家虽然来自不同的公司，但是同在一个空间办公，办公室空间有限，但职友社群无边界。

氪空间的客户都自称为氪空间“校友”。入驻氪空间仿佛进入一所“大学”，新创企业项目在空间内创办与成长，发展得好的企业将离开空间，顺利“毕业”。毕业后的“校友”还会获得一块颇具江湖气息的“令牌”，像是一种彼此间心照不宣的信物：“来日若江湖有难，校友见此令牌，即应出手相帮。”这无疑让空间客户对“氪空间校友”的身份有了更多的认同感与归属感。

除了办公，氪空间还为“校友们”组织了企业 CEO 时间、企业开放日、公开氪等社群交流培训活动，及德州扑克、夜跑、健身等体育娱乐社群。在氪空间中，人和人的聚合与社交突破了办公界限。

氪空间将知识、人脉、资源与资讯开放共享，让这些入驻客户在一个空间甚至在同一个城市里收获了社群依赖感和安全感。这种安全感会以一个联合办公空间为据点，不断扩散到其他联合办公空间，让城市的社群关系更加健康。

（2）客户分级服务

氪空间深耕客户社群与空间办公氛围营造，这些服务都是免费的，主要是增加客户留存功能。在客户留存基础上，氪空间需寻求更多的服务内容，来实现所沉淀的客户价值转化。

2018—2019 年，氪空间再次进入战略调整期，精简全国的项目，并优化产业服务路径。2019 年 5 月 15 日，氪空间宣布完成新一轮融资，金额为 10 亿元，由 IDG 资本、歌斐资产、逸星资本联合领投。此次融资所获资金，将用于进一步落地新战略。

2019 年，氪空间宣布商业模式从“联合办公”升级到“综合办公服务+新型资产管理”，打造“全周期企业办公服务商”。在客户服务上，氪空间推出客户分级服务及定制服务两类产品，激活客户价值转化。

氪空间将入驻空间客户分为小微客户、大客户及超级客户，对三类不同级别的客户推广不同的服务策略：小微客户——联合办公综合服务；大客户——办公空间定制；超级客户——“一站式”办公服务。如图 9-1 所示。

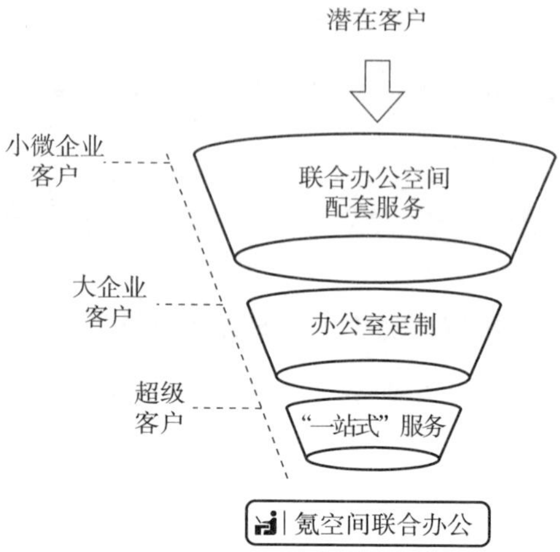

图 9-1　氪空间的用户留存策略

企业定制服务和超级客户服务在氪空间的新战略中扮演“开拓者角色”，这两种服务模式更轻资产，也能创造更多服务交易收入。在企业办公定制服务方面，氪空间的优势主要是对服务成本的控制。氪空间已形成采购供应链的规模优势，覆盖空间设计规划、材料家具采购、室内装修等完整的定制空间设计装修供应链条，顺应了未来高坪效服务的企业联合办公空间发展趋势。

中大型企业在办公选址上，普遍存在追求高性价比、周边配套设施齐全、“一站式”服务等需求。氪空间瞄准了这些需求，帮助它们解决了人员多、预算高、装修难、流程烦琐的痛点，为中大型企业提供全生命周期的办公服务解决方案。

从 2018 年 12 月推出“氪空间定制”服务至今，氪空间已签下了约 30 个合作方，包括传媒、设计、营销等各类定制服务供应商。这些合作方资源成为氪空间吸引客户留存的竞争力。

氪空间服务“超级客户”的逻辑主要是帮助客户连接其业务资产。氪空间从企业对融资和资产处置方面的需求切入，为它们提供资产端的服务。过去投资机构和联合办公企业之间的关系，仅限于资方投资入驻空间项目的合作关系，氪空间希望能够把投资机构股东当作“超级客户”。“超级客户”是一个连接点，它们连接了大量企业。氪空间可通过超级客户进入这样的网络，挖掘更多的客户需求及合作机会。比如，一些大企业还有购置办公室资产的需求；同时，氪空间还为投资机构提供金融服务，通过资本方式来解决战略投资或并购的业务。

氪空间的新战略可看作客户边界的延伸，也是空间服务能力的延伸。氪空间努力具备在空间产品规划、智能办公系统的建设与数据分析、运营管理、创投服务等方面提供整体解决方案的能力，而不仅仅是成为一个办公空间的供应商。氪空间希望向联合办公空间上下游延伸其服务产业链，在加强原有的办公空间和项目孵化服务的基础上，拓展企业办公空间定制服务，延长空间服务的周期，提升客户价值的转化。

（3）全产品供应链服务

氪空间所打造的新办公服务，涵盖了从前期选址、设计、施工，到后期运营、维护等全产品供应链多样化、全周期的办公服务，并不断增强自身能力，做好每个阶段的企业服务，提升对客户的吸引力。

在企业办公选址阶段，氪空间有专门的拓展团队，团队不仅对共享空间规划设计各板块、商圈以及物业都有了解，而且掌握了一套科学的企业选址方法，空间选址团队比大公司的综合管理与招商采购人员更加专业。

在设计与装修阶段，目前很多企业都是单独找设计公司与装修施工团队，不仅会面临装修市场的波动问题，还可能出现由于甲乙双方沟通不畅所导致的装修进度减缓问题。此外，企业在购买办公配套设施时，也会因为数量与渠道的问题间接增加成本。但对于氪空间而言，本身有联合办公空间自营业务，且设计装修团队每年是相对固定的，不会受到人员波动的影响。同时，氪空间全国采购量大，具有一定的议价能力，整合了装修建材直采与集采渠道，能够帮助企业节省成本。

在运营服务上，氪空间基于后台数据支持，推出了“1+N”的创新模块。“1+N”是指氪空间可以为客户提供N个办公场景。入驻任何城市的氪空间客户，都能享受到氪空间所提供的统一办公服务。

据氪空间透露的数据，氪空间推出的“一站式”定制服务，可以帮企业客户节省20%的综合成本，提升50%的空间使用效率。因为氪空间从型材、隔断、工艺再到办公家具，都有对应的标准，而且氪空间在办公空间产业领域积累的产业链资源和供应链渠道可以有效地降低入驻企业的经营成本。

氪空间新战略是将轻资产、重运营的各项新服务作为未来的公司业绩增长点。除了空间租金外，氪空间正在通过服务延伸来寻求多元化的收入来源。氪空间为大客户提供的办公空间定制和为超级客户提供的“一站式”服务主要是轻资产运营服务，这些服务能够实现收入和利润的增长。截至2019年5月，氪空间的新客户服务战略已在北京、上海、香港、广州、杭州、南京、武汉、天津、厦门、合肥10个城市所运营的40多个联合办公社区启动。

氪空间调整客户留存战略，推出客户分级运营及大客户定制化服务，以实现客户留存，提振空间营收利润增长。

案例2：“中国最美书店”钟书阁如何留存顾客

钟书阁是一家全国知名的连锁书店，创始人兼董事长金浩曾长期从事教育工作。

1995年，自称“书痴”的金浩决定从学校辞去校长职务，去创办书店。金浩女儿名叫“金钟书”，他就将创业的书店取名为“钟书书店”。1995年，第一家钟书书店开在了松江体育场边上。这家不到200平方米的小书店是钟书阁的前身，持续为读者提供各种优质书籍。

2010年前后，随着移动互联网的发展，电子书籍与有声读物、大量的流媒体与视频社交网站应用抢占着读者的时间，为了留下读者，金浩的钟书书店开始了转型升级之路。

此时，日本茑屋书店以“书+X”的模式构建读者体验店。茑屋书店以“书”为核心，搭配“影音+咖啡+餐饮+文创”等配套服务，重构书店空间功能，从打造体验场景入手，为读者提供高品质、专业化、差异化的书店服务，受到读者的追捧，逐渐成为书店新商业模式。复合功能书店颠覆了传统书店主要售卖书籍的经营模式，使书店拥有了多功能型和生活化的文化体验空间这一新的定位。在复合功能书店中，各类非图书业态的毛利润远高于图书售卖业务收入，如咖啡、文创周边商品的毛利高达 60%~65%，约是图书销售毛利的 2.5 倍。

在钟书书店基础上，金浩设计出全新的复合功能书店“钟书阁”。2013 年 4 月，第一家钟书阁在松江区泰晤士小镇开业。钟书阁定位为高端的新概念书店，首店从构想到设计装修，经过了一年的筹备时间，光店内设计费就花了 40 万元，总投资上千万元。泰晤士小镇店内纯白的书架上摆满了各色书册，书店的尖拱顶设计，恍如书籍的圣殿。

钟书阁美轮美奂的设计风格，为读者带来了全新的消费体验，吸引读者纷纷前来打卡拍照，书店口碑得到迅速传播。钟书阁成为上海的必打卡网红书店，客流量最大时，钟书阁旗舰店一天能接待超过 8000 位读者。

2010—2020 年，钟书阁快速扩张。如今，钟书阁已在北京、成都、西安、贵阳、重庆等地开设分店，截至 2019 年 6 月底，钟书阁门店数量已达 17 家。

虽是连锁品牌书店，但钟书阁每家书店都以所在城市的特色文化场景为室内设计亮点。每家店内的装修设计都十分用心，读者徜徉其中，仿佛置身于一个个风格各异的梦幻岛。例如，钟书阁贵阳店以山水、溶洞、少数民族图腾构成主要设计元素，把鬼斧神工的喀斯特地貌融入书店设计。在店内精心设计及黑色玻璃地面的映衬下，读者仿佛进入了贵州神秘幽邃的溶洞。贵州店内设置 16 间相互连通又各自独立的书房，设计理念则来源于河图洛书的古老智慧。此外，贵阳钟书阁还专门设立了“贵州特色文化专区”，以展示贵州各民族文化特色的书籍，并定期在店内举办一些当地特色文化活动。

钟书阁因别出心裁的空间设计，为读者提供的文化体验，曾被《人民日报》报道为“上海最美书店”，被广大读者称赞为“全国最美书店”。此外，钟书阁曾多次入选美国 *WIRED* 杂志评选的“全球 10 所最美书店”、法国生活杂志 *Sites Commerciaux* 及美国商店陈列推荐杂志 *VMSD* 的推荐书店清单。

追求特色的装修设计，意味着开店成本的高投入，钟书阁是如何在付出高额设计费用后，仍能实现持续发展的高营收？其用户留存策略如图 9-2 所示。

图 9-2　钟书阁的用户留存策略

（1）以好书留住读者

钟书阁以书为核心内容打造文化空间。读者是否会掏钱买书，主要看书店图书的品质。钟书阁藏书总计 60 多万种，并以“为读者找好书、为好书找读者”为目标，专门组建了 6 人选书团队，每年从 60 多万种新书中精挑细选 2 万种优质新书推荐给读者，并优先筛选名家名社的作品。例如，对于四大名著这种现存多个版本的经典名著来说，钟书阁会选择中华书局或上海古籍出版社的版本，以确保图书品质。

钟书阁总是尽可能满足读者对于图书的需求，保证读者第一时间买到想要的新书。如果店里暂无读者想要的书籍，店员会向出版社电话采购，并进行缺货登记服务。为了帮读者买到其想要的书，钟书阁的店员甚至会先到其他书店高价购买，再以本店优惠价卖给读者。找书服务让读者满意，这样才能提升他们对钟书阁的认可。

（2）提供充值会员服务

钟书阁的会员卡是充值卡，有固定折扣和递增折扣两种会员权益方式，对应会员不同的消费喜好。会员充值能够享受返利，如充 200 元抵 210 元，充 500 元返 540 元等。2019 年末，钟书阁会员的虚拟积分还能够抵现金，会员卡 Z-card 的 20 个会员积分可抵扣 1 元，单笔消费最高抵扣 100 元。同时，钟书阁为了提升会员卡的附加价值，增强读者付费办卡的活跃性，还推出了许多只有会员才能参加的文化活动。

（3）提供私密书架与个性书房服务

钟书阁可为会员提供付费的私密书架，用来存放会员所购买的图书。私密书架上的书除非得到会员本人的允许，否则其他人不可以翻阅。钟书阁认为，拥有个人专属的书架和私密阅读空间，可以满足很多读者在本职工作之余，开一家书店做老板的梦想。此外，如果会员想在办公室或者家中开辟出一个图书角或读书室，钟书阁可以提供定制化的阅读空间规划落地方案。

（4）提供活动承办服务

钟书阁的另一营收来源于文化活动承办服务。如果读者要举办文化沙龙或是聚会，钟书阁可提供从活动前期策划到后期举办的“一条龙”服务，包括提供点心、饮料等食品。钟书阁的活动承办服务人均收费在 100 元以内。

以钟书阁上海静安店为例，该店每年举办各类文化活动近 500 场，包括新书发布会、文化沙龙讲座、读者日活动等。钟书阁在文化活动组织上有标准化流程，并力求高效率，静安店仅配备了 1 位活动组织人员，负责活动筹备、策划、嘉宾安排及宣传报名等。

钟书阁用实际成绩证明了其对城市文化建设的贡献：上海松江泰晤士店成为市民修身基地示范点；上海静安店、闵行店成为上海市 AAAAA 级青年中心；无锡店是市、区两级团委确定的“青年大学习”基地，并获评“江苏省青年学习社”；苏州店“彩虹阅读计划”获评苏州市“优秀阅读创新项目”。这些有关部门授予的荣誉，也让钟书阁争取到当地政府在文创、书店、教育、创新等领域的政策支持。

（5）与商业综合体品牌合作

通常，商业地产不太喜欢引入书店这种低坪效的业态。然而，随着竞争格局的变化，运营商逐渐意识到，以传统的商业综合体经营模式来提升空间坪效是行不通的。成熟的商业综合体不仅需要引入利润贡献高的业态，如化妆品、服装店、餐饮店等，也需要有能够提升商场人流、吸引顾客长时间停留的措施，如书店、电影院、艺术展览、娱乐设施等。顾客在商场内停留的时间越长，就越有可能增加消费，从而增加商场营收。

钟书阁这类设计与品质俱佳的书店更容易留住顾客。在实体商业普遍受到电商冲击的今天，复合功能书店将读者的购书体验延展到衣食住行等其他消费场景。同时，书店的选书内容、文化气质与品牌效应，能吸引顾客主动探店打卡、延长消费时间、增强口碑传播，这让复合功能文化书店成为实体商场吸引客流量的新业态。

例如，2016 年 8 月，钟书阁在上海静安店所在商场四楼特意开辟了一块艺术空间，成功举办了“米罗制造——梦幻版画体验展”“爱不孤独：奈良美智作品收藏体验展”等具有影响力的艺术展，吸引了大量客流。

（6）与学校等机构合作

由于钟书阁创始人在教辅业沉淀了许多成功经验，书店能够把握教辅书读者的需求，并与出版社合作策划教辅、国学、课外辅助读物等类别图书，赢得了教辅书读者的喜爱。

同时，钟书阁与街道、社区、学校、机关等单位建立起共建关系，并与各级工会、共青团、妇联等紧密合作，为这些机构配送文化资源，将书香空间建设为党建、团建、修身等活动基地，组织开展了党的建设、青年建设、巾帼风采、家风建设、市民修身等社区主题活动。

像钟书阁这样的复合功能书店借助功能多元化提升，成为新型的城市文化社交空间。复合功能书店有效提升了传统书店的盈利空间，“书店+附加消费功能”的复合经营模式也是实体书店留存顾客与深挖顾客价值转化的业态发展趋势。

案例 3：将顾客口味摆在第一位的网红咖啡店

如今，咖啡消费被越来越多的中国消费者接受与喜爱。据咨询机构统计，中国生咖啡消费量在不断增长，相比 2012 年，2018 年国内生咖啡的年消费量提高了 250%。同时，中国人的咖啡消费水平也有所提高，越来越多的人可接受 30~40 元的单杯咖啡价格，消费时段也从下午茶时段向早餐时段转变。这说明中国消费者不仅对咖啡的需求不断提升，消费习惯也在不断进阶。

2018 年，北京有 2000 多家咖啡馆，占全市所有餐饮店的 6%左右。这些咖啡馆既有成规模的连锁品牌，也有深藏在胡同院落里，依靠品牌口碑在客群中传播的独立网红咖啡店。熊煮咖啡（Bear Brew）就是这些网红咖啡店中的一家。

熊煮咖啡（以下简称“熊煮”）位于西城区白塔寺东夹道 26 号自在场头院内，与北京著名景点白塔寺仅一墙之隔。沿着白塔寺东墙一直往里走，会发现胡同里有一个小四合院民宿，咖啡店就隐藏在这个民宿院子里，不是很起眼，但店内常常人满为患。咖啡馆二楼是一个平坦的屋顶露台，顾客可以在这里欣赏到壮丽的白塔寺全貌，还能眺望附近的四合院落群。

熊煮咖啡店在 2017 年 4 月正式开业，经营时间仅 3 年多。创始人是两位年轻人：魏然与马辰。在开店前，魏然是留学澳大利亚的北京人，因酷爱咖啡，学习并考取了咖啡技师从业执照；马辰是对手冲咖啡痴迷的教育机构高管。毕业后，魏然留学归国，在北京雍和宫五道营一家咖啡馆里做咖啡师。马辰在探店时遇到魏然，两人出于对咖啡的热爱，决定合作开一家咖啡馆。

熊煮选址在白塔寺围墙外，作为北京知名的旅游景点，白塔与胡同红墙下，拍照的旅客络绎不绝。白塔寺这个北京知名景点提高了熊煮的人气。为了拍到白塔而登上熊煮咖啡馆阳台的顾客也不在少数。顾客游玩累了，可点上一杯咖啡，坐在屋顶，享受安逸时光。

地理位置佳只是熊煮的用户留存优势之一。在独立咖啡店遍地的情况下，熊煮为何能在北京激烈市场竞争中胜出？我从对魏然的采访中找到了答案。熊煮的用户留存策略如图 9-3 所示。

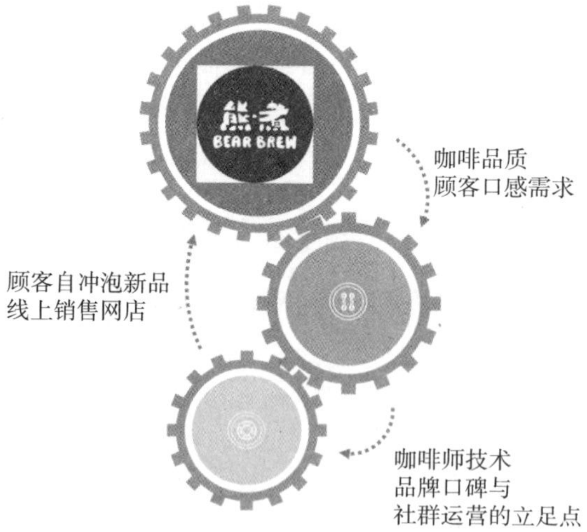

图 9-3　熊煮的用户留存策略

（1）咖啡品质：满足顾客的口感需求

网红咖啡店能够“火”起来，有的是因为店里装修特色十足，有的是因为店内饲养了各类吸睛的可爱宠物，有的是因为品牌营销做得好，而熊煮始终把顾客对咖啡口感的需求放在店铺经营的第一位。

熊煮的两位创始人都“死磕”咖啡给顾客带来的感官体验。他们对咖啡豆的品质与咖啡的口感都琢磨到了极致，并对“好的咖啡口感”有一种透彻的理解。魏然认为，为了保证咖啡给顾客带来的舒适口感，咖啡冲煮是无法完全标准化的，因为每天的咖啡豆品质和烘焙过程会有细微的差别，这些差别会对每杯咖啡的口味产生一些影响，给顾客带来的感官体验也不会雷同。

因为咖啡豆的品质不同，所以对咖啡技师的要求就会很高。咖啡师要适应咖啡豆的变化，这需要长久的经验积累及个人的创意发挥。例如，一杯拿铁咖啡，其口感取决于咖啡豆的质量、牛奶质量与煮法工艺。精挑细选咖啡豆和牛奶之后，咖啡师还需对咖啡豆每天的味道差异有自己的体会，并能够想象出“顾客喜欢什么样的拿铁味道”，这就是咖啡师煮咖啡的“技术实力”所在。

举个例子，魏然制作拿铁的时候，认为对于国内大众咖啡消费者而言，一杯好拿铁，首先要给顾客带来香甜的口感。咖啡师就要用技术手段为顾客感官服务，要知道哪种香甜的味道会让顾客产生愉悦的感觉。无论你的营销方法怎么花样翻新，最终决定咖啡销量的因素，还是落在顾客的饮用体验上：口味永远是餐饮行业获客的核心因素。

为了让顾客获得更好的口味体验，熊煮使用的咖啡豆成本是连锁咖啡馆成本的 5 倍以上。顾客来熊煮点咖啡，马辰和魏然会先问顾客偏爱哪种口味，是柔和的、偏酸的、果香的，还是花香的，只要你能说出来，他们就能调制出一杯符合你口味的咖啡。如果顾客想在冰拿铁中放块糖，咖啡师会告诉顾客，那样口感欠佳，失去了咖啡原本的风味。店主会先把糖块加热成稠度刚好的糖浆，方便糖在冰咖啡里融化，并且不影响冰咖啡口感。

熊煮除了严格选用高品质咖啡豆之外，还研发出若干“爆款”产品来吸引和留住顾客。例如，熊煮在夏天推出了黑泡泡和黑黑泡夏季特饮，从开店以来一直畅销。黑泡泡是将24小时冷泡得到的冷萃咖啡加入一定比例的现打苏打水或者可乐，加冰块、柠檬中和调味的一款气泡冷萃咖啡；黑黑泡是在大威士忌玻璃杯里放了一块直径几乎与杯口相当的大冰球，将一杯冰滴咖啡从冰球上慢慢浇过，冰球会发出噼里啪啦的声响。喝咖啡的体验很有趣，也很有仪式感。除此之外，熊煮还在不断突破咖啡师的技能界限，研发德国黑啤咖啡等新款调味咖啡，再通过顾客口碑传播，推动产品的“走红”，吸引更多顾客。

（2）咖啡师技术：品牌口碑与社群运营的立足点

相比其他咖啡店力度很大的打折促销活动，熊煮的营销活动很少。熊煮开设了一个公众号“熊煮咖啡 BearBrew”，但是经营3年仅有不到50篇原创内容。公众号推广文章的风格非常温和文艺，不带广告侵略性或诱导购买，只是通过充满文艺气息的故事、生动细腻的场景描述，“不经意”地提起熊煮新产品的研发过程：咖啡豆选品、调料配置和口感提升，以体现这款新品与别家咖啡店的不同。

除此之外，熊煮的线下营销活动很有创意，也体现老板的随和性格。例如，熊煮偶尔会开展“当日手冲咖啡全天半价”促销活动，至于选择哪款手冲咖啡，熊煮将选择权交给了顾客，当天第一位光临熊煮并点了“手冲咖啡”的顾客，他所点的就是当日的促销饮品。这样做还是以顾客为核心在开展促销活动，而且有一种抽奖小惊喜。熊煮还会偶尔订制少量印了 Logo 的咖啡杯和布袋，以及一些20世纪七八十年代的小玩具，作为奖品或者礼品在粉丝群里做一些推广活动。

魏然对咖啡店的连锁扩张模式有自己的见解，他认为，快速扩张虽然能够实现规模化，但是必然会影响咖啡的口味。因为咖啡师对品控的掌控力有限，分店开多了之后，咖啡的味道一定会往下走。连锁品牌追求的就是咖啡口味的一致性，这要求咖啡豆的品质稳定，但咖啡的制作其实是非常个性化的过程，越好喝，其实越需要咖啡师在咖啡豆烘焙、冲煮咖啡技术上有充满创意的发挥，反而越不容易达到统一标准。如果只要求做到咖啡美味的 60%~70%，是可以实现标准化的，也符合店铺扩张的要求，不过会牺牲部分的咖啡口感，但顾客喝到的咖啡口味不是最佳的，这也是熊煮经营者所不想看到的。

熊煮一直将“给顾客最细腻的咖啡体验”作为经营宗旨。这对咖啡师从顾客的口味出发来研发产品、推广产品和顾客维护都提出了苛刻而细致的要求，在这种要求指导下，熊煮咖啡才能保证出品的每一杯咖啡都让顾客感受到香浓、纯正和高品质的咖啡口感。

开业至今，熊煮依然有 30%左右的老顾客持续光顾；而那些暂别的老顾客，很多是因为工作离开了这个城市，他们偶尔来北京旅游出差，还会继续光顾熊煮。

（3）疫情期间的创新营销：顾客自冲泡产品

2020 年新冠肺炎疫情期间，线下餐饮店受到了影响，熊煮也不例外。熊煮所在的胡同也因疫情防控被封控了。为了留住爱喝咖啡的顾客，熊煮两位老板快速做出了大量创新举措。

首先，疫情期间推出咖啡外卖服务。

熊煮置办了一辆电动单车，以白塔寺店 3 千米半径为配送范围，服务于西城区阜成门、金融街等地的顾客。为了降低成本，熊煮研发出大包装产品，比如 1 升装的冷萃或者美式咖啡。量贩式的产品，既能让单次配送收益提升，又能降低配送次数与人力成本。

其次，开设网店并推出系列顾客自主冲泡咖啡产品。

顾客不能进店品尝咖啡，熊煮老板就将烘焙好的咖啡豆精心研磨打碎，委托加工厂做成袋泡咖啡、挂耳过滤咖啡等产品，同时也出售各种家用咖啡冲泡器具，让居家办公的顾客能够购买产品并自行冲泡，也能享受到好的咖啡体验。此举能够提升店铺营收及顾客留存。

最后，开展社群运营，进行私域流量转化。

熊煮创始人持续参加国内各类咖啡比赛、咖啡集市，提升专业技能和品牌影响力。创始人陆续取得了几个国内知名的咖啡师奖项，业内口碑持续提升。同时，熊煮积极地运营微信用户流量群，每天都在群里分享新资讯、新品推荐等信息，以保持用户活跃度。

这家京城网红咖啡店以极其严苛的要求为顾客提供观感、口感俱佳的冲煮咖啡，在激烈的市场竞争中争得了一席之地，并沉淀越来越多的忠实顾客。

案例 4：从工业设计图纸到全案服务商，上品设计的客户留存提升之路

上品设计是一家工业产品创新设计公司，成立于 2009 年，总部在北京。2019 年，作为中国工业设计影响力的品牌，上品设计在北京、深圳、苏州、杭州、石家庄和济南均设置了分支机构，全国员工人数超过 200 人，其中 70%以上是专业设计师。

10 年间，上品设计累计服务国内外大小品牌 800 多个，包括 100 多家世界五百强、中国五百强企业客户，如戴姆勒奔驰、GE、西门子医疗、可口可乐、中科院、京东、京东方、德国贝朗、腾讯、明基等。公司完成各类工业设计项目 2000 多个，荣获设计奖项 168 个，其中包括德国红点至尊奖、中国红星奖金奖、德国 IF 奖、中国台湾金点奖等国际知名奖项。

工业设计公司客户主要来自制造业领域。在生产流程中，企业会邀请工业设计公司出具产品工业设计，并将定稿发给模具和样品生产厂制版打模，再根据模具量产实物产品。工业设计公司主要负责规模量产前的设计环节。

上品设计是如何维护企业客户，激发客户持续合作的呢？

我采访了上品设计创始人周林。他认为，维护原有企业客户，并持续激发客户的合作，也是工业设计服务公司近期开始关注的经营问题。为了延长客户服务周期，上品设计在持续更新公司的商业模式，通过不断尝试为客户提供更有价值的新服务，挖掘客户的新合作点。在公司 10 年发展历程中，上品设计主要经历了 4 个客户留存与价值挖掘升级阶段（如图 9-4 所示）。

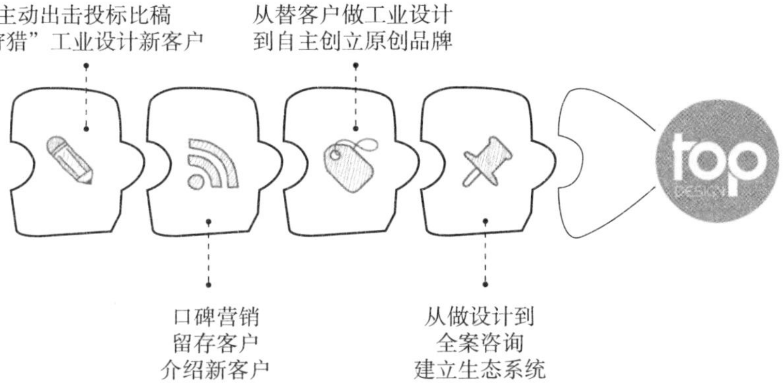

图 9-4　上品设计的用户留存策略

第一阶段，成立初期，公司以“狩猎”模式为主，主动出击寻找企业客户。公司通过竞标、比稿等方式，获取客户的设计业务。在这个阶段，公司以存活为导向，哪里有活儿打哪里，每次客户合作更像是随机拓展的结果。

第二阶段，业务增长时期，公司沉淀了很多成功案例和过往客户，合作客户对上品的设计服务质量和合作过程比较认可，通过口碑传播，会为上品带来新客户。此时，上品设计凭借实力赢得了一些国内外设计奖项，获得官方对工业设计技术的肯定，影响力提升，公司的客户圈子也逐渐形成。老客户来带新客户的同时，也会考虑再次购买上品的设计服务。上品设计的客户合作案例越来越多，且进入有一亩三分地的“农耕”时代，营业收入也逐渐稳定起来。公司从“人找活儿”发展到“活儿找人”的阶段。

第三阶段，业务稳定期，上品设计已成为一家优秀的工业设计公司，拥有上千个成功案例及大量客户，上品开始考虑如何进一步挖掘存量客户的其他价值。工业设计行业服务费用稳定，上品设计进入了北京工业设计公司的前五名，对工业设计市场容量也已经知根知底，需要寻求更大的发展。

工业设计服务属于劳动密度大、周期长的服务，需要合作双方反复推敲打磨设计稿件，设计师加班加点，这些都是时间和人力成本投入。要提高公司的收入，就需要为客户创造更有价值的服务，或达成更深的合作关系。在前期设计业务开展中，上品设计接触了大量产品制造链上的厂商，也积累了产业链上的多个合作方资源。上品设计开始思考将业务触手延伸至原创品牌的创造。在精心筹备后，上品设计成立了“设计创新研究院”，每年在众多合作需求中，选择 30 个左右的工业设计供应商，开展实体设计产品的合作，将以工业设计为主的服务扩大到原创品牌产品设计和销售领域。截至采访时，公司根据市场调研，结合 C 端用户的消费升级痛点，自主推出了 2 个生活家居美学品牌。在这两个品牌下，上品设计采用合作入股成立公司的模式，结合自主原创设计，联合制造商客户，推出了若干生活家居产品及电热扇等小家电产品，并成为几个国内连锁家居精品店的供货商。

此时，上品设计已经涉足实体产品品牌设计、产品制造销售领域。通过自创品牌产品，上品设计能够将客户范围从企业延伸到个人。公司借助经销商渠道出售这些个性家居产品，为公司创造新的收益增长点。同时，公司为了留存和运营存量客户，雇用专职人员运营公司官方微信公众号，并开设了抖音、今日头条等新媒体账号，持续制造并传播公司的自创品牌与产品。上品设计走向了同时挖掘企业客户和个人客户的营收价值发展之路。

第四阶段，公司计划创造更高端的解决方案设计服务，进一步挖掘头部企业存量客户的商业价值。上品设计的 10 年经营，让周林总结出工业设计行业的自有经验，工业设计服务在年产值 5000 万元到 5 亿元的企业能够快速看到成效。例如，某款矿泉水的品牌与全球闻名的水晶制品设计公司联合推出了限量版水晶瓶的矿泉水，该款式与普通矿泉水瓶的区别在于，这款瓶子是世界知名设计师精心设计的玻璃瓶，非常值得消费者收藏。一瓶限量款的矿泉水比普通塑料瓶的同款产品价格增长了几百倍，但一投放市场就被消费者抢购，供不应求，对企业的年营收也产生了积极的影响。这个案例中，工业设计通过改变产品外观和包装材质对产品销售额的提升可见一斑。但是，要为更大规模的企业，尤其是年产值在 5 亿元甚至超过 10 亿元的企业进行产品设计，工业设计咨询公司就不仅需考虑产品外形，还要考虑产品功能、产品体验、消费者心理学及消费者行为设计。这一整套设计方案不仅是一种高端定制化设计服务，更需要用科学数据来论证方案的有效性，包括消费者数量增量估计、消费者价值增加估计等，去论证解决方案的合理性，给企业客户带来更多的信心。

如果能够为企业提供这些解决方案，将会为客户创造更大的价值，也能为设计公司带来更多的收益。上品设计将朝着这个方向发展，致力于为全球客户提供产品的整体解决方案，助力客户的营销增长，同时也实现了上品对客户价值的深度挖掘，为上品创造更多的营收。要实现这个目标并不容易，周林认为需要经过前三个阶段的沉淀，上品设计才能具备进入第四个阶段的技术和资源实力。

从设计服务到自主品牌创造，经过 10 年努力，上品设计实现了客户积累。下一步，上品设计将通过为客户提供解决方案，从设计服务发展到原创产品，挖掘存量客户的更多价值。

案例 5：联控旭普科技如何留存 B 端企业客户

北京联控旭普科技有限公司是一家智能视频监控安防解决方案服

务商。2020 年，公司已经成立 3 年左右，服务的企业客户包括公安、地铁、央企、国企等机构。我采访了公司合伙人，也是技术开发负责人周泽明，了解了这家主打图像识别与深度学习分析技术的智能安防公司。

伴随技术创新升级，视频监控也从“看得到、看得远”升级到“看得清、看得懂”。2015 年，人工智能技术、安防视频监控技术导入，使得智慧安防行业从被动监控发展到主动识别与智能监控。

如今的安防服务业融合了智能感知、智能图像识别与深度学习图像感知等新技术，行业市场呈现快速发展趋势。据前瞻产业研究院统计，2015 年全球安防产业总收入达 2182 亿美元，同比增长 8.4%；2011—2015 年，全球安防服务产业复合增长率达 8%。2020 年，全球安防市场年收入达到 3150 亿美元。从产业构成来看，2015 年中国安防行业总收入中，安防产品总收入约 2000 亿元，安防集成与工程市场约 2500 亿元，运营服务及其他约 400 亿元。从产品功能来看，视频监控市场占所有安防产品的 2/3，市场规模已超过 1000 亿元。安防产品主要应用在平安城市工程、金融行业和智能交通、工厂园区、楼宇物业和教育学校等领域，应用前景广阔。

联控旭普为企业客户提供包括监控材料核心设备研发生产、监控软件平台、安防安装维护在内的“一站式”视频监控安防解决方案。公司虽然创立不久，但依托于几项自主研发的核心技术，在为客户提供软硬件及解决方案上具备很强的竞争实力。同时，公司为开发的图像数据识别算法和软硬件技术注册了专利，更好地构建了技术壁垒。对于公司如何留住企业用户，周泽民提到，像联控旭普这样的高新技术公司，能够为客户提供质优价廉的实用型新技术与产品，是留住企业客户的主要方法。联控旭普技术产品的核心亮点包括以下 3 点（如图 9-5 所示）。

图 9–5　联控旭普的用户留存策略

（1）从核心组件生产到提供软硬件配套解决方案

联控旭普的激光雷达是创始人亲自参与研发、申报专利的产品，该设备实现的监测精准度能够与国际头部先进的激光雷达产品匹配，而售价却是国外同类产品的 1/2。随着规模化生产，售价甚至还能降低。同时，该款激光雷达在监控目标时能够自动精确定位跟踪目标，并准确地将监控目标的位置信息传递给安防系统，系统发出指令指挥监控室摄像设备获取监控目标的清晰影像。在二维或三维的监控成像上，这款设备达到了国内外先进水平。

联控旭普不是国内唯一的激光雷达生产厂家，其技术壁垒在于软件与硬件配套的安防解决方案。公司研发出的图像深度学习算法与智慧识别目标判别技术，能够让安防设备比现有监控产品更快速地监测、跟踪并准确识别目标，从而提高监控效率，降低监控误报率。公司研发的激光雷达能够主动快速追踪和精确定位监控目标，再进一步用深度学习算法去识别拍摄到的目标所在的那块图像区域，无须对拍摄的整幅图像进行识别，也不用分析视频流中大量的信息数据，就能判断出监控到的目标是什么。该新技术能够有效降低运算量，提高监控识别效率。周泽明称，目前公司的解决方案中，一块图形处理器与显卡可以为近百个摄像头提供计算服务，因为在监控目标定位深度学习上，设备所需要的运算量比较少，因此能够有效降低企业客户的硬件投入成本。在此基础上，联控旭普再对监控目标进行图像处理，进一步判断所监控的目标是否会对被防护的地域、建筑和设备产生危险。例如，监控能够快速判定入侵的是动物还是人类，提高判断准确度，有效降低误报率。

（2）公司提供专业服务团队和周到的服务

周泽明有在信息科技和安防监控领域累计超过 20 年的工作经验，深知安防产业发展趋势、产品与解决方案如何才能满足企业客户的需求。此外，团队里有从百度、阿里巴巴、腾讯等大公司出来的深度学习算法研发高级经理及产品营销经理。团队的技术实力保证了联控旭普的技术产品及为客户提供的安防解决方案的质量。

经过 2 年的实验室研发设计，产品已投放市场，位于河北、广东等地的代工厂也于 2021 年投入量产。同时，联控旭普已经与京津冀某铁路路段、某地铁车辆运营维护公司、一些央企国企客户达成了业务合作，并有若干项目成功结项。

例如，某铁路路段管理公司采购了联控旭普的轨道安防监控解决方案后，运营 1 年以来，铁路安防精准度得到明显提升。与该铁路路段之前采用的红外线安防视频监控系统相比，联控旭普的解决方案使误报率降低到原来的万分之一。

在采访中，我问道："为何之前的视频安防没有采用激光雷达和图像深度学习技术?"周泽明解释，由于前期视频安防市场设备成本比较高，如果采用激光雷达和深度学习技术，将会进一步提高安防视频解决方案的软硬件与搭建成本。高研发成本成为阻碍智能视频监控解决方案落地和推广的核心原因。联控旭普通过自主研发的核心组件，成功降低了应用成本，使性价比更高的智能视频监控解决方案得以提供给客户。

（3）提供增值服务，成为企业成长伙伴

联控旭普用热心周到的增值服务与企业客户共同成长。联控旭普服务的客户是对安防精度要求较高的产业园区、基础设施建筑、政府机关办公区、危险品及贵重品储存区，以及对生活私密性和安全保障需求较高的高端别墅住户。在交付了智能安防解决方案并完成设备调试后，联控旭普会持续主动与客户沟通产品更新、软件运营稳定性等情况。同时，在维护客户过程中，周泽民及团队会主动发现这些企业客户的与安防相关的其他问题，并主动提供技术协助。

例如，在与某家地铁车辆运营公司合作的过程中，周泽民发现了客户的其他配套软件的调试技术问题。虽然这套软件不是联控旭普提供的，但在评估后，他主动向客户提出免费帮忙调试设备，解决了客户的燃眉之急。一套解决方案交付给企业客户之后，在长时间内，产品运营稳定，客户不会再签新的采购订单，但周泽民团队这种将心比心、协助客户解决其他技术问题的交流维护方式博得了企业的好感，使联控旭普在行业内逐渐建立起口碑。在联控旭普的客户中，有几个企业客户就是通过熟客的口碑介绍带来的。

联控旭普成立至今，没有投放过营销广告，公司主要通过高质量及高性价比的新技术产品方案，以及热心帮助客户的服务态度，来赢得更多的优质客户。

在提倡构建智慧城市、智慧社区的趋势下，随着智慧安防技术的发展，联控旭普推出的智能监控软件平台、监控图像深度学习智能识别算法等技术应用的市场优势日益显现。蕴含了独创性的软件、算法与全套解决方案，会在短期内让联控旭普在激烈的市场竞争中构建自身技术壁垒，留住企业客户，并持续保持营收增长。

对于 B 端企业客户，客户维护周期长，生意成交频率低，单笔成交金额大，联控旭普会继续凭借专业而周到的服务，在企业客户中建立起良好口碑，巩固长期合作关系，进而实现旧客带新客的良性循环。

案例 6：新创软欧包茶饮店“包小姐的茶先生”如何留住顾客

“包小姐的茶先生”是位于广西柳州市的一家新式软欧包与茶饮专

卖店，店铺于2017年正式开业，创始人是一位餐饮业连续创业者。

软欧包是中国对欧洲风味面包的改良。欧洲人将面包作为主餐，面包原料健康、营养均衡且有饱腹感，对人的肠胃不会造成大的负担，但口感偏硬。中国人结合亚洲人的饮食习惯，将欧式面包改良，改良后的创新面包称为“软欧包”。相比于市面上售卖的高糖、高油、多添加剂的甜面包，软欧包富含更多高纤维，更营养、热量更低，但又比传统欧式面包更松软，容易被中国人接受，故软欧包更受中国顾客的欢迎。

店里另一类主打产品是新式茶饮。新式茶饮与传统奶茶不同，是以好品质茶叶现场萃取茶汤，搭配新鲜牛奶、天然动物奶油及各种新鲜水果调制而成的饮料。相比传统奶茶，新式茶饮在原材料选取上更注重健康，不使用茶粉、人造奶油、香精色素等，只使用新鲜食材。在门店装修上，新式茶饮店不同于传统的外带奶茶铺，它为顾客提供了可以社交的休闲空间。

现在的顾客对生活品质与健康饮食要求都已提高，原料健康、口味独特的新茶饮与软欧包受到欢迎后，一批主打同类产品的连锁店也随之而来。2015年5月12日，新茶饮知名品牌喜茶首店在广东省江门市开业。2017年，喜茶不仅在广东省遍地开花，相继进入东莞、佛山、惠州、广州与深圳，还打入广西、上海等市场，随后3年，喜茶进入全国快速发展期。截至2020年1月，喜茶已在全国43个城市开设了390家门店，成为新茶饮的代表性品牌。无独有偶，另外一个新茶饮与软欧包品牌“奈雪の茶”快速扩张，截至2019年12月，已在45座城市开设了297家分店。

新茶饮与软欧包这对“神仙伴侣”的盛行，背后是顾客生活水平提高下的消费升级。有咨询公司预测，新式茶饮的市场规模在400亿~500亿元人民币。“包小姐的茶先生”创始人非常认同软欧包与新茶饮的市场潜力，她邀请专业软欧包制作师和新茶饮萃茶师加盟，在城市新区的万达广场商铺打造首家“包小姐的茶先生”门店。

“包小姐的茶先生”对产品品质要求非常高。店内出售的每款软欧包都由师傅精心制作。与流水线规模量产的面包配方、生产工艺不同，软欧包发酵环节非常关键。面包每次发酵都需要借助面包师丰富的经验，每一批软欧包的发酵时间都有细微差异，没有完全的标准化时间与发酵程序。2020 年，“包小姐的茶先生”已开业 4 年，但面包师傅在研究新品的时候，还会投入大量的时间去研究发酵工艺与时间长度对面包口味的影响，使新款软欧包能为顾客带来最佳口感。

软欧包制作过程注重原料品质，尽量少添加或零添加辅料，充分释放面包麦香味，面包馅料和奶油都由新鲜食材制作而成。另外，新茶饮也注重原料品质，茶叶、奶油与水果都不能用低质量原料代替。好的原料保证好的口感，也让软欧包与新茶饮的单价高于普通面包与奶茶。一个软欧包的个头儿比较大，都是按照全家享用的餐包来制作，单价基本在 20 元以上；一杯新茶饮的原材料和人工比较高，单价也在 20~25 元。“包小姐的茶先生”的店内人均消费在 50~80 元，在店铺所在城市是偏高的。

面对偏高的价格，“包小姐的茶先生”如何维护顾客呢？通过访谈，我了解到了“包小姐的茶先生”的顾客留存策略如图 9-6 所示。

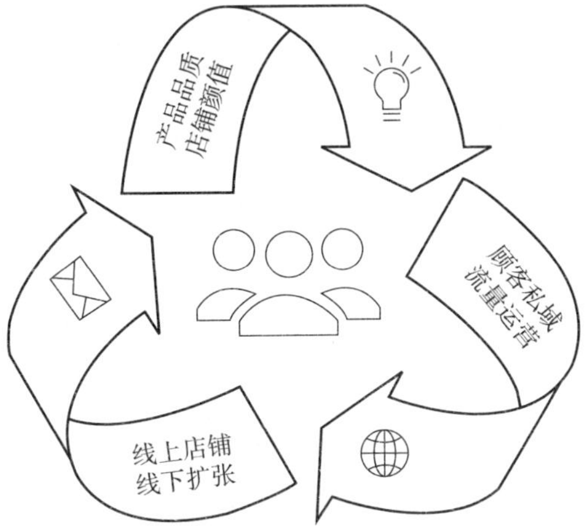

图 9-6　“包小姐的茶先生”的用户留存策略

经验之一：提升店铺环境、准确定位顾客与保证面包质量同样重要

开店之初，创始人认为面包与饮料的品质和口味决定一切。经营了一段时间后，她开始意识到，面包店所在的区位、店铺购物与用餐环境对顾客的吸引力也同样重要。“包小姐的茶先生”在2018年做了一次店铺装修升级，店铺采用高级湖蓝色与白色为主色调，墙上是烫金英文与中文标语招牌，店铺正门是半开放的落地窗格局，显得很通透，内部是柔和的金黄色照明灯。店铺为顾客打造了舒适的购物环境，来提升顾客购物的满足感。

店铺所在地万达广场是柳州市高端社区的配套商业综合体，“包小姐的茶先生”的客群定位为具有较高消费能力的中高收入白领群体与对品质生活有追求的中产阶层。顾客在逛万达广场时，会被店铺外观及内部陈设吸引，从而进店消费。

经验之二：深耕会员运营

除了散客，“包小姐的茶先生”会用会员卡的方式将忠实顾客留存下来，并进行维护。忠实顾客会在本店会员卡内充值300~500元，不仅能够得到充300元送30元、充500元送50元的充卡返利，还能享受到每周店内举办的会员活动。例如，每个月有2个会员日，在会员日当天，会员单次消费超过50元可享受1元会员饮品一杯。另外，店里不定期向会员推送当季新款面包的半价优惠权益等。愿意加入会员的顾客，普遍对店里提供的软欧包与新茶饮的认可度高于其他茶点店，因此会员日的促销活动更能刺激顾客的留存与持续消费。

“包小姐的茶先生”曾经与某房地产商做过联合推广活动，通过活动建立了若干主题微信群，也曾吸引了一批忠实顾客。但活动结束后，微信群交流热度迅速降低，需要更有效的社群运营模式。

目前，“包小姐的茶先生”会向用户微信群投放新品上市宣传、套餐活动、团购优惠、每日福利与资讯分享信息，店家正尝试通过运营用户社群来提高用户持续付费的积极性。

经验之三：探索线上网购的运营模式

“包小姐的茶先生”提供的软欧包的高品质口感，让一些顾客即使到了外地，也依然让店里用航空运输“当日达”快递给他们。线下开分店的成本居高不下，并面临新冠肺炎疫情等外部环境对线下门店营业的影响。另外，生鲜冷链运输物流的发展降低了生鲜的运输成本，下一步，“包小姐的茶先生”的创始人有了线上销售产品的规划。“包小姐的茶先生”的顾客群体也在年轻化，“90 后”的客群喜欢“宅”在家里，足不出户就能够购物。未来，“包小姐的茶先生”也会探索线上运营与搭建配送渠道，让不输大城市面包的软欧包通过物流走得更远。

教训：在市中心人流量大的步行街开店，不一定留下更多顾客

“包小姐的茶先生”有过一次失败的开分店经历。在首店的客流量稳定后，创始人认为，如果能在城市最繁华的市中心步行商业街开一家分店，就能够吸引和留住更多顾客。

2019 年，创始人筹集资金，在城市的中心步行商业街开了一间分店，却在营业半年后关闭了店铺。

在运营中，她发现，虽然城市中心的商圈步行街客流如织，但大部分进店的人群却不是“包小姐的茶先生”的目标客群。很多顾客走进店内，都会被色香味俱全的软欧包吸引，但是当目光落到 20~30 元的价格标签时，眼神中都透出一丝犹豫。

一些顾客提出单个面包太大了，店内能不能推出双拼口味，就是两款软欧包各切半个组合成为一份套餐。为了满足这些顾客的要求，“包小姐的茶先生”也尝试过两种口味搭配的组合套餐，但店内销量并没有明显改善，顾客转化效果依然不好。

经过仔细考虑，创始人关闭了步行街分店，专心经营万达广场店。这次失败的开店经历也让她反思店铺选址与顾客画像的匹配度，并谨慎选择分店的位置。

目前，“包小姐的茶先生”仍然在努力提升软欧包的产品质量，并

不会过分追求扩张速度。按规划，“包小姐的茶先生”将会走出柳州市，在广西壮族自治区其他市的开店融资也已经到位。

随着生活水平的不断提高，顾客对欧式茶点品质要求也随之提高，作为一家专注产品品质的新创软欧包与茶点店，“包小姐的茶先生”也会用高品质的产品与真诚的服务态度牢牢拴住忠实顾客，走好顾客运营的每一步。

案例 7：安为先生物科技如何留住客户

生物饲料是指以基因工程、蛋白质工程、发酵工程等高新技术为手段，利用微生物工程发酵开发的新型饲料资源和饲料添加剂。其中，生物饲料添加剂是指通过生物工程技术生产，能够提高饲料利用效率、改善动物健康和生产性能的一类饲料添加剂，主要包括微生物饲料添加剂、酶制剂、寡糖和蛋白盐等。

山东安为先生物科技有限公司（以下简称“安为先”）由资深饲料人张钦强创立于 2016 年，总部位于山东省泰安市，是一家专业研发、生产、销售蛋白盐（小肽螯合有机微量元素单体）和有机微量元素预混料的国家高新技术企业。安为先公司专注于研发和生产蛋白盐，已获“国家高新技术企业”“国家科技型中小企业”的称号。

蛋白盐研发门槛高，产业应用领域也比较垂直。在 2016 年公司成立之后，安为先有 2 年的研发周期，2018 年 4 月，公司成功研发出新的蛋白盐产品，并申请了相关专利。因为技术需求高，安为先通过与高校合作科技成果转化的途径，加速产品技术研发进程。公司先后与湖南农业大学、山东农业大学及淮阴工学院研究院开展了科技成果转化合作。2019 年，公司取得国家的各类相关生产资质，并在 2019 年 12 月 6 日获得生产批准备案文号。2020 年，安为先开始将产品投放市场，扩大产销量。

目前，安为先已成为山东省首家蛋白盐生产企业，中国第三家蛋白盐生产企业。在目前的四家蛋白盐生产企业中，有两家是外资企业，安为先是为数不多的中国本土蛋白盐生产企业，在这个新兴但垂直细分市场中占有一席之地。

安为先的使命是让生命更健康，让环境更美好。总经理张钦强在饲料微量元素添加剂领域从业超过 15 年，曾任美国奥格生物中国区销售总监，负责有机微量元素中国区的业务，并任中国饲料重金属减排联盟秘书长，拥有丰富的微量营养元素研发与市场销售经验。张钦强认为蛋白盐等纯有机微量元素，是一种能够从源头上实现养殖废弃物减量化、无害化的途径。

安为先的客户主要是各类农牧及饲料企业，公司的客户留存策略主要瞄准了客户的 3 个痛点（如图 9-7 所示）。

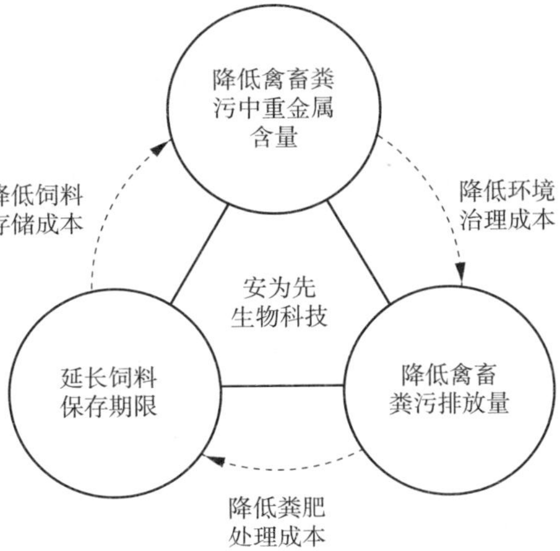

图 9-7　安为先生物科技的用户留存策略

（1）解决畜禽排污治理痛点——提高畜禽粪污堆肥处理的肥料转化率

无机盐营养元素，如硫酸铜、硫酸锌等，是目前主要的畜禽饲料营养元素添加剂。但大量添加无机盐的饲料经过畜禽消化后，无法被生物体吸收转化的重金属离子会随粪污排放到畜禽体外，导致畜禽粪污重金属超标，影响粪污堆肥的肥料转化率与无害化治理。安为先生物饲料添加剂能够从两个方面减少畜禽粪污的污染。首先，减少畜禽饲料中的添加剂投放量。比起无机盐营养添加剂，畜禽对蛋白盐的吸收转化率更高，营养流失率降低，养殖户可减少在饲料中的营养剂添加量。据张钦强介绍，蛋白盐添加剂能够减少70%的饲料营养元素添加剂量，并至少可降低70%的粪便重金属排放。其次，降低畜禽粪污中的污染物含量。蛋白盐在保证畜禽生长所需营养元素的同时，能够促进畜禽对饲料干物质消化率，提高氮、磷的利用率，从而有效减少畜禽排泄物中有机物、氮、磷等的排出量，进而减少畜禽粪污对土壤和水体造成的污染。

另外，随着居民生活水平的提高，消费者对肉禽蛋的消费需求不断上升，推动了畜牧业的不断发展。数据显示，2017 年全国畜牧业总产值超过 3. 2 万亿元，占农业总产值比例接近 30%，较 2013 年增长了约 14%。2017 年，全国养殖户达到 1 亿多户，共生产 8546. 8 万吨肉类、3070 万吨禽蛋，产量均居世界第一位；共生产牛奶 3545 万吨，居世界第三位。

快速发展的畜牧业在满足消费者不断增长的畜产品需求的同时，也产生了更多的养殖废弃物。全国畜禽粪污产生量由 2010 年的 32. 52 亿吨上升至 2017 年的 38. 18 亿吨，增加了环境治理的压力。2010 年，全国畜禽粪污的综合利用率仅为 37%，随着“十二五”和“十三五”期间，全国加大畜禽养殖规模化的建设和畜禽粪污的治理力度，畜禽粪污的综合利用情况有所改善，2017 年畜禽粪污的综合利用率达到 60%左右，但总体仍然偏低。

严峻的治污形势使得我国日益重视畜禽养殖废弃物减量化与资源化利用。2017 年 6 月 27 日，全国畜禽养殖废弃物资源化利用会议在长沙召开，时任中共中央政治局委员、国务院副总理汪洋出席会议。他强调要根据资源环境承载能力和废弃物处理能力，科学确定养殖品种和规模，优化畜牧业区域布局。积极推广清洁养殖工艺和技术，大力发展标准化、规范化规模养殖。围绕就地、就近用于农村能源和农用有机肥，加快发展农村沼气和生物天然气，畅通还田渠道，促进种养结合、农牧循环的绿色发展，多形式推进养殖废弃物资源化利用。2018 年 11 月 23 日，全国畜禽养殖废弃物资源化利用现场会在福建漳州召开，中共中央政治局委员、国务院副总理胡春华在会议上指出，推进畜禽养殖废弃物资源化利用是有明确时限要求的硬任务，必须加大工作力度，确保如期完成。畜禽养殖废弃物的资源化利用已成为当前的硬性要求。

（2）提升禽畜饲料产品品质，降低禽畜排放污染物对环境的影响

近年来，随着国家供给侧改革、环保法及食品安全法等政策法规的实施，饲料添加剂行业“洗牌”进程加快，人们对绿色、环保和安全的需求越来越高。

蛋白质是生物机体细胞、组织和器官的重要组成部分。饲料中的蛋白质被禽畜进食后，在禽畜消化道一系列消化酶的作用下，先后被分解为多肽、寡肽及游离氨基酸，最终才能被机体吸收利用。

蛋白质能以小肽（蛋白质由氨基酸组成，一个氨基酸的氨基与另一个氨基酸的羧基可以缩合成肽）的形式被生物吸收。研究表明，小肽转运蛋白（一般是指由 2~3 个氨基酸组成的寡肽）是一种低亲和力和高容量的协同转运载体，不仅可消除氨基酸间的相互竞争，加速禽畜机体蛋白合成，还可促进禽畜对矿物质的吸收与利用。

安为先专注于微量元素产品的研发，公司研究发现，在每日饲料中使用 150 克和 200 克纯有机微量元素替代 1 千克无机微量元素，对生长育肥猪的生产性能不仅没任何负面影响，还可降低生产成本。添加安为先蛋白盐饲料饲养的肉猪，其综合造肉成本低于对照组，经济效益较为明显。由于饲料中微量金属营养元素的吸收转化率高，猪粪中的铜离子含量显著降低，试验组猪粪中铜的含量比对照组降低 80. 8%，粪污重金

属污染物减排效果显著。

同时，安为先主要以植物蛋白为基础生产蛋白盐，其他企业采用动物蛋白作为基础生产蛋白盐。安为先考虑到国家可能会控制同源蛋白（蛋白盐来源于动物蛋白，与禽畜机体蛋白质相似）的潜在生物安全风险，因此采用与禽畜蛋白结构差异较大的植物蛋白盐安全性会更高。

安为先生产的蛋白盐提高了禽畜营养吸收的转化率，也能够有效降低禽畜废物中的重金属含量，减少环境污染，使养殖场更顺利地通过当地生态环境部门对排污重金属污染指标的监察。

（3）延长了饲料的保存期限，减少客户库存成本

目前，市面上普遍使用的饲料添加剂是无机微量元素，其制作工艺成熟，售价在 5000 元/吨左右，而有机蛋白盐因为工艺复杂，制作工艺要求高，属于高新科技产品，进口蛋白盐价格在 6.5 万~7 万元/吨，国产售价在 4.5 万~5 万元/吨。虽然每吨蛋白盐的售价高，但是每吨饲料添加的蛋白盐使用量比同样营养配比的无机盐减少 70%左右，算起来饲料成本基本持平。

无机微量元素添加剂存在难以保存的缺点。一方面，金属离子无机化合物稳定性差，会促进饲料中维生素、油脂等物质的氧化变质，造成饲料新鲜度降低，影响适口性，降低动物的采食量；另一方面，无机微量元素会影响植酸酶等酶制剂的活性，降低饲料消化利用率。在炎热潮湿的区域，养殖场的饲料常常堆放 1~2 个月就腐败变质了，养殖场因此造成运营成本的增加。

安为先能够很好地满足养殖客户在饲料上的需求痛点：促进禽畜生长，降低运营成本，减少污染排放。从 2019 年底至今，安为先已积累了一批养殖场客户。这些客户是张钦强与其他创始人去一家家企业拜访跑下来的，中间充满了各种艰辛：如何说服客户信任并购买新型的蛋白盐添加剂，如何证明蛋白盐添加剂会比无机盐更有效……安为先用实际的养殖效果，取得了客户的信任，并将其转化为多次复购的忠实客户。

作为一种新型的饲料添加剂产品，张钦强认为必须面对面地沟通、展示与实际试用，把需求掰碎揉细了，才能争取到客户信任，从而留住客户。面对面沟通的另外一个原因是，饲料中的添加剂配方，会因不同的禽畜物种、不同的区域养殖气候、不同的区域禽畜养殖习惯等因素，而在成分配比上有差别。例如，北方饲养白羽鸡，而南方普遍饲养黄羽鸡；北方冷鲜禽畜肉比较普遍，而南方生鲜肉比较丰富；等等。根据饲料喂养的禽畜不同，定制化饲料配比方案既符合家禽生长需求，又能够合理控制饲料成本，满足客户对降本增效的要求。

有的客户需要看到效果，安为先会先派饲养技术专家到客户养殖场，现场指导客户配制饲料、试投放喂养禽畜及跟踪评估禽畜生长情况，授之以渔，让客户看到真实效果，取得信任后，再推荐客户大批量购买。客户接受了安为先的蛋白盐饲料添加剂之后，算算经济账，就会形成产品黏性，持续采购；同时，客户会在养殖圈子里口碑传播，带动新的客户关注、购买安为先的产品。

2020 年是安为先的销售元年，接下来，安为先将在不断提高产品技术品质的同时，继续扩大销售渠道，开通线上销售路径，应对更广阔的市场需求；同时，用精细化的销售策略、客户定制化顾问边教边销的手段，持续拓展与留住客户。

案例 8：个人艺术培训画室如何留住家长

艺屿画室成立于 2012 年，是一家儿童绘画培训机构。艺屿画室的创始人王姗姗从北京某重点大学艺术设计专业毕业后，没有和大部分应届毕业生一样去公司工作，而是决定自己创业。王姗姗在大学期间有过兼职美术培训师的经历，毕业后，她成立了一家名为“艺屿画室”的儿童美术素质培训机构。

美术培训不仅是孩子小学升初中的个人素质考查要素之一，也是开发孩子想象力、创造力和审美力的工具。王姗姗将画室开设在一个高密度生活社区中，附近没有同类机构。艺屿画室开业初期培训费折扣力度大，教学专业度高，在社区居民中逐渐形成了口碑。画室开业第一年，已有200多位家长付费购买了培训课程，后续几年，画室的学生基本维持在200多人。

随着家长对中小学生放学后的素质教育和托管需求增加，绘画、手工等美术培训也被越来越多的家长纳入孩子的素质课清单。2016年起，艺屿画室附近的美术培训机构逐渐多了起来。同时，附近新建的商场也开设了儿童美术教育机构。

多家儿童美术培训机构的出现，加剧了它们之间的竞争。艺屿画室是如何保持多年来相对稳定的生源的呢？我向王姗姗提出了这个疑问，王姗姗认为艺屿画室没有受到其他画室的市场竞争影响。儿童美术市场培训的学员定位在5~15岁，这个社区儿童的美术培训市场仍未饱和，参与美术培训的家庭用户规模处于上升期。国家提出的放开二孩生育政策，也让付费家长的数量呈现出上升趋势。

艺屿画室除了王姗姗这位全职老师之外，还有2~3位按课时计算费用的兼职培训老师。相比之下，艺屿画室的学生规模适中，在一期付费课程结束后，复购新课程的家长超过50%。在这些复购的家长中，有的从画室开业起就购买培训课程，购买期长达7年。这些家庭的孩子从入门级美术课程开始，一直学完高级进阶美术技法课程，并参加了初中生美术等级考试。艺屿画室陪伴着这些学员从学前班到初中。

儿童美术培训机构虽然教的是孩子，但是真正付费的是家长。艺屿画室是如何维护好这些家长，实现持续复购的呢？王姗姗分享了画室的用户留存运营经验（如图9-8所示）。

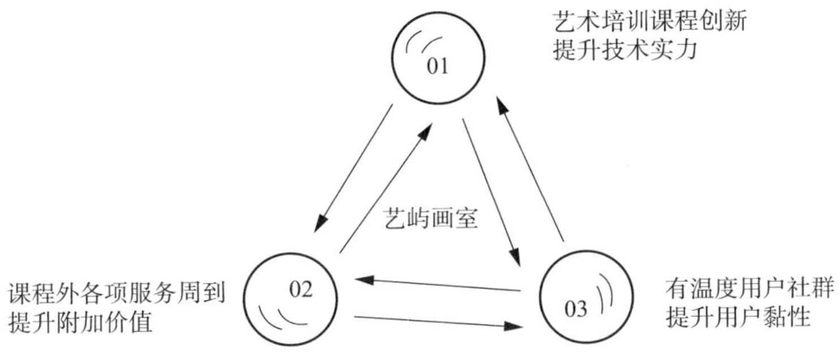

图 9-8　艺屿画室的用户留存策略

（1）用课程内容留住家长

对于儿童美术培训，老师的技术能力、授课风格还有上课氛围对教学成果会产生很大影响。王姗姗在教学期间严格把控课程质量，不断吸收美术培训中流行的课程题材及新技法，并根据学员掌握知识的进度，将最新的教育手段融入课程实践中。画室培训课程丰富，既包括静物写生、铅笔素描、油画、水粉等绘画课程，也包括漫画、手工设计、布艺手办、材料粘贴画、印染蜡染等多种新颖的艺术表现课程。丰富的内容不仅让学生提升了绘画技能与艺术素养，也让学生对不断推陈出新的课程充满新鲜感和期待。

在授课风格上，王姗姗从学员角度出发，换位思考孩子在构图、线条和用色等方面的个人风格，并因材施教，对每位孩子做一些个性化辅导，不会灌输完全相同的教学内容。同时，艺屿画室的老师在教学过程中，也注意营造游戏式的教学氛围，让学生爱上需要长时间投入精力的艺术创作课。此外，艺屿画室经常开展室外写生教学，领着家长与孩子去北京郊区村庄、公园、美术馆等地开展写生课，在实地环境中提升孩子的美术技巧和创造力。课程内容是艺屿画室留住学员的竞争技术壁垒，即使其他美术机构开设了类似内容的课程，艺屿画室也会快速设计新课，让孩子接受更新、更好的教学内容。

（2）用服务留住家长

艺屿画室为学员提供从美术技巧到性格塑造、想象力提升的全面服务。家长让孩子来艺屿画室参加美术培训，还出于升学考试的需要。为了满足学员的考级需求，艺屿画室在每年儿童美术考级前，都会为报名参加考级的学员组织集训班。集训班不会额外收取家长很多费用，利用假期开展，老客户能够享受到更多优惠。

同时，画室多次组织孩子去国内外参加绘画考级考试。例如，画室曾组织孩子去韩国等国家，参与世界或亚洲儿童绘画比赛，并获得了若干奖项。艺屿画室也会在寒暑假组织学生美术培训托管班，并提供营养午餐和晚餐，让孩子能够在画室接受全面培训，同时帮双职工父母减轻在寒暑假看孩子的负担。

艺屿画室时刻关注孩子在学校里所接受的美术课教学内容变化，在画室课程之外，还承担起辅导孩子完成学校美术、手工、个人图文小报等作业任务，减轻孩子的课业负担；时刻关注孩子在美术创作中体现的不同素质亮点和需要克服的弱点，及时反馈给家长，并为家长提出一些合理改善建议。这些服务让家长感受到了画室对孩子的成长和学业的关心，对画室也会更加认可。

（3）运营用户社群

为了方便教学沟通，艺屿画室组建了几个家长群，让不同职业背景的家长能够随时在群里交流，并与老师取得联系。同时，艺屿画室会定期在群里发布孩子的美术作品，鼓励家长发布到朋友圈，向亲朋好友展示孩子的成果。

艺屿画室会不定期组织社群线下活动。每年的中秋与元旦，画室都会以节日为主题，举办联欢活动，如中秋做手工月饼及举办赏月沙龙、元旦举办跨年联欢会等。画室租借酒店的会议活动场地，精心布置活动现场，组织各类游戏，让家长带着孩子表演才艺，并准备了各类礼品。这些社群活动增强了艺屿画室的用户黏性。同时，艺屿画室会联系周围社区居委会，组织孩子到社区开展各类公益主题的艺术创作活动，例如，开展回收废旧材料制作手工艺品、共绘保护海洋画卷等社区公益活动。这些社会活动增强了孩子的社会责任心。由于不少学员就是附近社区的居民，这些公益活动也争取到了客户的好感，让客户更愿意留在艺屿画室的社群中。

艺屿画室专业、周到和个性化的学员培养教程，让家长们看到了孩子在美术构图、想象力和创新能力上的提升，甚至在沟通、协作和展示自我等综合素质上也得到改善，自然会持续在画室付费学习。同时，家长不仅持续复购艺屿画室的培训课程，也会向其他邻居展示自己孩子的画作，形成口碑传播，吸引其他家长购买艺屿画室的培训课程。作为一家个体画室，艺屿画室在用户留存上持续取得了成功。

案例 9：跻身品牌前十强，柳宗元螺蛳粉的用户留存策略

螺蛳粉是广西壮族自治区柳州市的知名小吃。一碗螺蛳粉，齐聚辣、爽、鲜、酸、烫的独特风味，既可以当一日三餐，也可以做夜宵小吃，是柳州人不可或缺的日常饮食。在柳州市大街小巷，总能看到各类大大小小的螺蛳粉店铺，店内食客满满。

螺蛳粉的制作原料包括米粉、螺蛳肉、猪棒骨、辣椒、香辛料及酸笋、腐竹、花生等，制作工艺融合了广西的汉族和少数民族饮食工艺。2008 年，柳州螺蛳粉制作技艺成功申报为广西壮族自治区第二批非物质文化遗产名录。

2012 年，《舌尖上的中国》向全国观众介绍了柳州螺蛳粉。随后，柳州螺蛳粉逐渐从一道地方美食变成了一座城市的特色文化符号。柳州也借助国家提倡的供给侧改革东风，将螺蛳粉从路边饮食店的体量，发展成为一个上百亿元产值的产业。截至 2018 年，近 5000 家螺蛳粉门店在北京、上海、广州、深圳等各大城市开业，甚至还走向欧美市场。2017 年 3 月，一位来自柳州的老板在美国纽约法拉盛美食广场开了一家柳州螺蛳粉店，这也是当地首家柳州人自营的螺蛳粉店。

先进的食品工业技术，解决了预包装螺蛳粉的产品化问题，也为螺

蛳粉的市场扩张提供了条件。同时，借助“互联网+”营销，螺蛳粉加速向网红食品转变。

在这样的产业环境下，2014 年，杨忻注册了“柳宗元”螺蛳粉这个品牌，开始了她的创业之路。杨忻拥有设计专业背景，开过广告公司，之后又瞄准了人们衣食住行中的生活消费必需品项目。通过调研，杨忻判断柳州市对预包装螺蛳粉产业会有很大支持，产品市场也将有所发展。于是她跨界创业，扎进了预包装螺蛳粉生产制造的生意中。2014 年，她与两位合伙人利用半年时间，把柳州市的袋装螺蛳粉线上网店和线下门店都考察了一遍，然后结合自身在速食米粉面条方面的生产资源，联合出资，与生产流水线合作，推出了“柳宗元”预包装螺蛳粉品牌。

带着“柳宗元”三个字的商标注册下来，已让杨忻的预包装螺蛳粉品牌与其他竞品有所不同。柳宗元曾任柳州刺史，为柳州的民生做了许多贡献，柳州人对柳宗元的感情很深。

“柳宗元”这个品牌天然得到了柳州人的好感，增加了该款预包装螺蛳粉的客户认可度。

品牌好只是生意的第一步，预包装螺蛳粉在柳州迅速实现了生产规模化。市场上螺蛳粉品牌多，竞争激烈。为了赢取用户，柳宗元螺蛳粉开设了线上销售渠道，例如，淘宝天猫店、微店等。2017 年，柳宗元螺蛳粉做了一次产能升级，将生产车间迁到柳州螺蛳粉产业园中，目前年产量达到 800 万~1000 万包，年营业额在柳州市近百个预包装螺蛳粉品牌中跻身前十位。

杨忻介绍说，由于产品的主要用户是 C 端用户，柳宗元品牌创立初期，就注重开发线上网店渠道，维护 C 端用户。

目前，柳宗元螺蛳粉累计开设了 100 多个新老用户微信群，共计 4 万多个用户活跃在线上。其中，有 700~800 人是从 2014 年产品问世起就一直持续购买柳宗元螺蛳粉的老用户。还有一批用户是在尝试了其他牌子之后，再次回到柳宗元客户群里的复购用户。

柳宗元螺蛳粉用品质牢牢留住了新老用户，也挽回了短暂出走的用户。那么，柳宗元螺蛳粉用户留存策略是什么？总结起来，主要有以下三点（如图 9-9 所示）。

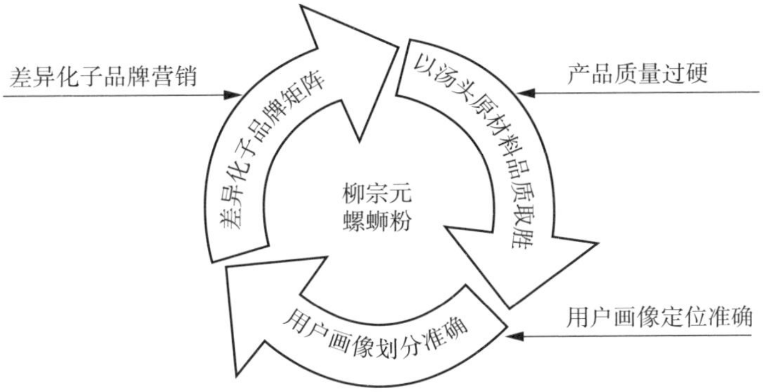

图 9-9　柳宗元螺蛳粉用户留存策略

（1）汤料是螺蛳粉的“灵魂”，柳宗元以汤头品质取胜

预包装螺蛳粉的汤头对产品的成败而言非常关键。柳宗元螺蛳粉熬制汤头的原料是螺蛳肉及猪骨，在原料用量上比较足，熬出来的汤就会让消费者感觉货真价实、口感纯正。为了保持汤的鲜美程度，柳宗元螺蛳粉在粉汤包中的添加剂和香辛料的成分用量都经过精心的设计。虽然原材料的用量会影响到制作成本，但是这几年，杨忻团队一直坚持宁可降低利润，也不降低汤料品质的宗旨。在用户经营维护中，团队敏锐地发现预包装螺蛳粉内含有卤煮好的螺蛳肉，能够明显提升消费者对本品牌品质的认同感。于是，柳宗元螺蛳粉坚持在每袋螺蛳粉中增加卤螺蛳肉包，以赢得顾客的喜爱。

高品质的原材料使柳宗元螺蛳粉的价格定位为 14～15 元 1 包，属于市场偏高的价格；产品不会疯狂降价促销、打价格战，这样会影响到产品品质。品质经得起时间检验，这也是柳宗元螺蛳粉的产品能够获得顾客持续好评的原因。螺蛳粉本身是一种味道浓郁的食品，如果用量减少，就会影响到产品口感，顾客很容易感受到味道的差异。如果因降低成本而一再降低口感，汤不香浓，粉筋道下降，就会造成客户的流失。

（2）产品的用户画像定位准确

柳宗元螺蛳粉主要用户群是对预包装螺蛳粉品质要求高的C端用户，为了保证产品品质能够符合用户定位，公司不盲目扩张螺蛳粉产量。杨忻介绍，柳宗元螺蛳粉借助现代生产工艺，袋装螺蛳粉已能完美复制门店鲜煮的螺蛳粉口感。

同时，柳宗元螺蛳粉很注重包装的开发，这得益于杨忻之前的广告设计背景。柳宗元螺蛳粉包装袋的设计很有文化感，精美别致。针对顾客的送礼需求，公司开发出柳州文化印记礼品包装，包装设计精美，能体现柳州传统文化符号和特色风情。顾客通过外包装，能够更认同螺蛳粉文化，礼品套装成为柳宗元螺蛳粉推出的高销量爆款产品。

（3）差异化营销

柳宗元螺蛳粉定价14~15元1袋，价格定位偏高。在沉淀了一批忠实用户之后，柳宗元螺蛳粉开始推出子品牌，主打差异化营销策略，尝试获取更多用户。

发展至今，柳宗元螺蛳粉已经形成以“柳宗元”“青云街”和“螺久香”为主的品牌矩阵。各子品牌产品应对不同的用户群体：柳宗元主打高付费用户，价格在14~15元1包；青云街主打追求性价比用户，价格为7~8元1包，也是目前市面上的主流产品价格；螺久香定位追求低端速食用户，价格为5~6元1包。

在产品质量上，柳宗元原料投入多，口感最好，青云街次之，螺久香是人工鲜味剂较多而原汤含量少的低价产品。公司将三类用户分不同的用户群来运营，包括推送不同的产品信息、不同的用户专属优惠和不定期举办线上线下促销活动等，企业已向用户精细化营销迈进。

杨忻对柳宗元螺蛳粉的未来发展市场很有信心。目前，市场依然未饱和，存在大量发展空间。靠坚持把控产品质量与差异化用户运营，柳宗元螺蛳粉将越做越好。

后　记

本书从2020年初开始策划、写作，再投稿、签约、编校出版，历时20个月左右。从本书的选题——超级用户思维出现在我脑海中开始，我在每周都会针对一个具体的客户留存问题搜集信息、总结经验、调研采访企业案例相关负责人、完成案例分析文章，这些点点滴滴的工作，汇聚成您所阅读的这本书的所有内容。

在创作本书期间，我与各位共同经历了2020年新冠肺炎疫情。疫情使全国实体店铺纷纷暂停营业，各企业员工也开始居家办公，企业经营受到考验。在疫情中，企业开始努力适应这种突发的不确定性，也开始重新思考用户留存的重要性。正如本书第一章分析的，获取新用户的成本，要高于维护好存量用户的成本；而熟客带来的效益也高于生客。因此，企业需要重视用户留存与用户复购，不仅是为了应对诸如疫情等突发情况，也是企业在产品服务竞争日益激烈的今天，寻求企业独特核心竞争力的可行路径。

正因为相信用户留存这个企业经营发展的趋势，我才决定一定要把这本书付诸出版。回顾过去10多个月的创作历程，我有构思如泉水涌现，奋笔疾书的时刻，也有冥思苦想，搜集、阅读、分析大量资料，提炼观点的过程。为了让这本书中的内容能对企业产生参考价值，我尽量站在企业立场，从目前关于互联网、人工智能、大数据、私域流量等用户运营热点中精心筛选，从指导性、实用性出发，形成企业超级用户思维的方法论与策略。

本书所选取的案例，既包括互联网大厂、领军企业、海内外上市企业等成熟企业，也包括我通过实际采访项目负责人、实地沟通调研的方式，所选择的10个各领域的创新企业，这些企业在运营模式和用户留存的策略上都有参考价值。这25个项目案例，与本书介绍的用户留存策略相得益彰，力求给本书读者提供借鉴意义。

我在编写本书期间，曾反复修改内容：对提纲不满意，修改；对章节编排不满意，修改；对内容不满意，修改。回忆这段写书心路历程，无疑是一个充满自我挑战的漫长修行。

不知不觉，这已是我的第五本关于企业经营管理创新主题的书。2020年1月，在完成了第四本书的书稿《企业创新升级力：组织、产品及商业空间升级方法与案例》(2020年6月已面市，电子工业出版社)，并将完整的书稿发给出版社编辑之后，我一方面如释重负，另一方面开始思考：企业经营管理创新，还能够从哪个环节切入？从2017年开始，我所出版的四个企业经营管理创新主题，涵盖了企业从0到1创业（《从创意到创业：大众创业全流程思维、方法与案例》，中国经济出版社，2017)、企业产品（《体验至上：打造科技爆品的思维与方法》，中国经济出版社，2019)、企业获客（《精益获客》，机械工业出版社，2019)、企业商业模式转型升级（《企业创新升级力：组织、产品及商业空间升级方法与案例》，电子工业出版社，2020）四个方面，而在企业发展生命周期中，还有一个主题对企业成功至关重要，那就是关于用户留存和用户留存价值挖掘的问题，因此，我决定以超级用户为主题，创作本书。

这些年，我在工作和创作之余，持续与各领域、各规模的企业战略部、创新部门团队沟通。在本书选题和内容编排上，我也将站在企业用户需求角度，为企业提供改善提升用户关系、精细化用户运营与用户留存价值转化的方法论，以及用户留存策略实际落地的企业参考案例。

如何激发用户真实付费，已成为企业持续发展的重要任务。面对市场变化加速、竞争者层出不穷、用户需求多元化的新市场环境，企业要持续生存发展，意味着需尽可能多地让用户从新客转为熟客，从偶尔付费转为持续付费。本书希望能够为各类企业在用户经营过程中，提供至少一个创新思路。

通过编写本书，我对企业用户留存与超级用户复购经营问题有了更深的理解与认识。而为了创作本书，我通过调研和采访，也明白了企业积累超级用户是多么的不容易。企业的超级用户经营，需要克服内部和外部的种种挑战，经营者还要有独到的眼光和创新思路，各部门协同高效投入资源，全力贯彻执行，才能够确保用户留存策略成功落地。企业在改善现有用户关系，提升用户留存和超级用户价值挖掘工作中的任何创新升级举措，都值得被尊重。

再一次，我想对参与本书选题、约稿和后续各项出版工作，给我许多指导意见的中国经济出版社责任编辑贾轶杰老师致以诚挚的感谢。这是贾老师与我合作的第三本经管咨询书，感谢贾老师多年来对我写作的各项担待与支持。同时，书中各案例负责人，不管是成熟企业还是创新企业的管理人，都对我的采访调研要求给予了诸多支持与配合。不少案例负责人是第一次交流的朋友，但是在见面访谈的过程中，各位负责人都非常热情，毫无保留，娓娓道来，对我的思考与分析起到了至关重要的作用。请原谅我不再一一罗列受访人名单，在此我要对所有参与访谈，及为我的案例分析提供第一手资料的企业负责人表达最由衷的感谢！

最后，我要感谢购买与阅读本书的读者您。我真诚希望本书能够让您的企业通过高效的用户留存策略实现企业营收增长与利润提升。

我要对您说一声：祝您工作顺利，身体健康，祝您的企业蒸蒸日上！

汤历漫

2021 年 7 月